Coleção
LEIS ESPECIAIS
para **concursos**
Dicas para realização de provas com questões de concursos
e jurisprudência do STF e STJ inseridas artigo por artigo

Coordenação:
LEONARDO GARCIA

> 52

ESTATUTO DOS REFUGIADOS

Lei 9.474/1997

52

Coleção
LEIS ESPECIAIS
para concursos

Dicas para realização de provas com questões de concursos e jurisprudência do STF e STJ inseridas artigo por artigo

Coordenação:
LEONARDO GARCIA

EDUARDO PAREDES

ESTATUTO DOS REFUGIADOS

Lei 9.474/1997

INCLUI
- ✓ Comentários às Leis 13.445/2017 – Nova Lei de Migração e 13.300/2016 – Mandado de Injunção
- ✓ Abordagem dos temas: Migração mista; visto humanitário; autorização de residência para fins humanitários; princípio da não devolução e vítimas de tráfico de pessoas e tortura; crianças desacompanhadas e separadas; retornados; deslocados internos.

2018

www.editorajuspodivm.com.br

www.editorajuspodivm.com.br

Rua Mato Grosso, 164, Ed. Marfina, 1º Andar – Pituba, CEP: 41830-151 – Salvador – Bahia
Tel: (71) 3045.9051
• Contato: https://www.editorajuspodivm.com.br/sac

Copyright: Edições JusPODIVM

Conselho Editorial: Eduardo Viana Portela Neves, Dirley da Cunha Jr., Leonardo de Medeiros Garcia, Fredie Didier Jr., José Henrique Mouta, José Marcelo Vigliar, Marcos Ehrhardt Júnior, Nestor Távora, Robério Nunes Filho, Roberval Rocha Ferreira Filho, Rodolfo Pamplona Filho, Rodrigo Reis Mazzei e Rogério Sanches Cunha.

Capa: Ana Caquetti

ISBN: 978-85-442-1898-3

> Todos os direitos desta edição reservados à Edições JusPODIVM.
>
> É terminantemente proibida a reprodução total ou parcial desta obra, por qualquer meio ou processo, sem a expressa autorização do autor e da Edições JusPODIVM. A violação dos direitos autorais caracteriza crime descrito na legislação em vigor, sem prejuízo das sanções civis cabíveis.

*Dedico este livro à minha
amada esposa, Letícia,
e ao meu amado filho, Francisco,
por estarem ao meu lado
diante de todos os desafios.*

Proposta da Coleção
Leis Especiais para Concursos

A coleção *Leis Especiais para Concursos* tem como objetivo preparar os candidatos para os principais certames do país.

Pela experiência adquirida ao longo dos anos, dando aulas nos principais cursos preparatórios do país, percebi que a grande maioria dos candidatos apenas lê as leis especiais, deixando os manuais para as matérias mais cobradas, como constitucional, administrativo, processo civil, civil etc.. Isso ocorre pela falta de tempo do candidato ou porque faltam no mercado livros específicos (para concursos) em relação a tais leis.

Nesse sentido, a Coleção *Leis Especiais para Concursos* tem a intenção de suprir uma lacuna no mercado, preparando os candidatos para questões relacionadas às leis específicas, que vêm sendo cada vez mais contempladas nos editais.

Em vez de somente ler a lei seca, o candidato terá dicas específicas de concursos em cada artigo (ou capítulo ou título da lei), questões de concursos mostrando o que os examinadores estão exigindo sobre cada tema e, sobretudo, os posicionamentos do STF, STJ e TST (principalmente aqueles publicados nos informativos de jurisprudência). As instituições que organizam os principais concursos, utilizam os informativos e notícias (publicados na página virtual de cada tribunal) para elaborar as questões de concursos. Por isso, a necessidade de se conhecer (e bem!) a jurisprudência dos tribunais superiores.

Assim, o que se pretende com a presente coleção é preparar o leitor, de modo rápido, prático e objetivo, para enfrentar as questões de prova envolvendo as leis específicas.

Boa sorte!

Leonardo Garcia
(Coordenador da coleção)
leonardo@leonardogarcia.com.br
leomgarcia@yahoo.com.br
www.leonardogarcia.com.br

Sumário

Abreviaturas.. 11

I. Breve histórico do instituto do asilo............................ 13

II. Direito de asilo na pós-modernidade.......................... 17

III. Governança global e os direitos humanos dos deslocados internos.. 21

• **Lei nº 9.474, de 22 de julho de 1997**.......................... 27

Título I – Dos Aspectos Caracterizadores........................ 37

    Capítulo I – Do Conceito, da Extensão e da Exclusão.......... 37

        Seção I – Do Conceito.. 37

        Seção II – Da Extensão.. 71

        Seção III – Da Exclusão....................................... 73

    Capítulo II – Da Condição Jurídica de Refugiado.............. 77

Título II – Do Ingresso no Território Nacional e do Pedido de Refúgio.. 87

Título III – Do Conare.. 100

    Capítulo I – Da Competência...................................... 100

    Capítulo II – Da Estrutura e do Funcionamento.............. 100

Título IV – Do Processo de Refúgio.............................. 103

    Capítulo I – Do Procedimento..................................... 103

Capítulo II – Da Autorização de Residência Provisória 103

Capítulo III – Da Instrução e do Relatório 104

Capítulo IV – Da Decisão, da Comunicação e do Registro 104

Capítulo V – Do Recurso 104

Título V – Dos Efeitos do Estatuto de Refugiados Sobre a Extradição e a Expulsão 112

Capítulo I – Da Extradição 112

Capítulo II – Da Expulsão 113

Título VI – Da Cessação e da Perda da Condição de Refugiado 118

Capítulo I – Da Cessação da Condição de Refugiado 118

Capítulo II – Da Perda da Condição de Refugiado 119

Capítulo III – Da Autoridade Competente e do Recurso 119

Título VII – Das Soluções Duráveis 123

Capítulo I – Da Repatriação 123

Capítulo II – Da Integração Local 123

Capítulo III – Do Reassentamento 123

Título VIII – Das Disposições Finais 125

Bibliografia 127

Abreviaturas

ACNUR – Alto-Comissariado das Nações Unidas para os Refugiados

CartaADHP – Carta Africana de Direitos Humanos e dos Povos

CAT – Comitê contra Tortura

CGARE – Coordenação-Geral de Assuntos para Refugiados

CONARE – Comitê Nacional para os Refugiados

ConvADH – Convenção Americana de Direitos Humanos

ConvEDH – Convenção Europeia de Direitos Humanos

DPU – Defensoria Pública da União

DUDH – Declaração Universal de Direitos Humanos

EUA – Estados Unidos da América

OIR – Organização Internacional para os Refugiados

ONGs – Organizações não-governamentais

ONU – Organização das Nações Unidas

STF – Supremo Tribunal Federal

STJ – Superior Tribunal de Justiça

I. Breve histórico do instituto do asilo

O instituto do asilo remonta historicamente à proteção de indivíduos na **Grécia antiga**[1], não é à toa que a palavra deriva etimologicamente do grego *asylon*. Dentre diversas definições, pode ser compreendido como um direito de não expulsão ou de proteção contra a expulsão.

Assim como nos dias de hoje, o *asylon* consistia na proteção de um estrangeiro por uma cidade-estado, frente a perseguição que sofria em outra cidade-estado. Contudo, muitas vezes, o asilo era concedido para condenados por crime comum (o que não acontece nos dias de hoje), que ou tinham o exílio como pena ou fugiam da punição, encontrando facilmente proteção em cidades inimigas.

Em **Roma**, o instituto recebeu uma roupagem jurídica pelo direito romano, sendo concedido "somente àqueles que não fossem culpados nos termos da lei da época, protegendo, desse modo, apenas as pessoas injustamente perseguidas seja pelo Poder Público, seja pela paixão dos particulares"[2]. Percebam que diferente do mundo helênico, em Roma o asilo tinha como traço marcante a perseguição injusta, não aplicável por regra aos crimes comuns.

Durante a **Idade Média**, o asilo esteve diretamente ligado às atividades da Igreja Católica. Baseada na doutrina da Ordem Beneditina de Cluny, pessoas comuns poderiam se refugiar em templos e locais sagrados escapando dos conflitos armados e das perseguições injustas que ocorriam em solo europeu. Em determinados momentos, era a própria Igreja

---

1. Importante destacar, que neste livro o instituto do asilo será estudado em sua trajetória ocidental, uma vez que o instituto do refúgio deita suas raízes nesta cultura, responsável pioneiramente pela sua normatização internacional, que depois foi alcançar praticamente toda a comunidade internacional. Assim, deixou-se de avaliar neste livro outras experiências não menos importantes como a egípcia, chinesa, africana, árabe e de grupos indígenas americanos. De qualquer forma, deve ser ressaltado que o asilo sempre foi uma prática inerente a condição humana e presente em todas as culturas.
2. ANDRADE, José H. Fischel de. Direito internacional dos refugiados: evolução histórica (1921-1952). Rio de Janeiro: Renovar, 1996, p. 12.

Católica a perseguidora, nestas hipóteses o exílio em terras distantes era uma opção mais vantajosa que a fogueira ou outra forma de flagelação.

Ao fim da Idade Média, o instituto sofre uma importante reflexão a partir das ideias de **Hugo Grócio e Francisco Suarez**. Os internacionalistas compreendem o asilo como direito subjetivo – direito natural e obrigação do estado, sustentando que "em obediência a um dever humanitário internacional, os Estados que concediam asilo estavam agindo em benefício da *civitas máxima* ou da comunidade de Estados"[3]. Assim, "pessoas expulsas dos seus lares tinham o direito de adquirir residência permanente em outro país, submetendo-se ao governo que lá detivesse a autoridade"[4].

Outra importante contribuição de Hugo Grócio, foi separar as "ofensas políticas" das "ofensas comuns", defendendo que o instituto "deveria ser concedido tão-somente àqueles que sofressem perseguições políticas e religiosas"[5]. No entanto, somente no século XIX que o instituto começou a ganhar os contornos da divisão estabelecida por Grócio, especialmente a partir da experiência latino-americana do asilo político.

Com o surgimento da **modernidade** e dos estados nacionais, o asilo passa a ter assento nas constituições, destacando-se a pioneira Constituição Francesa revolucionária de 1793. Neste período, ocorre a laicização do instituto, passando ao estado o monopólio da sua normatização, quando então, o asilo passa a ser compreendido como discricionariedade política da nação, responsável pela escolha das pessoas que teriam direito de proteção contra a perseguição.

Diferentemente de outros institutos de proteção do indivíduo, o asilo em sua trajetória histórica oscilou entre "altos e baixos", períodos de maior proteção individual e outros com maior arbítrio dos governantes em escolher aqueles que seriam protegidos. Tal tendência começou a se modificar a partir do fim do século XIX e início do século XX, quando o asilo começou a receber especial atenção do direito internacional.

A partir disto, a experiência europeia do refúgio ganhou ares universalistas e através do seu regime jurídico passou a estabelecer as balizas

---

3. ANDRADE, José H. Fischel de. Direito internacional dos refugiados: evolução histórica (1921-1952). Rio de Janeiro: Renovar, 1996, p. 15.
4. ANDRADE, José H. Fischel de. Direito internacional dos refugiados: evolução histórica (1921-1952). Rio de Janeiro: Renovar, 1996, p. 14.
5. ANDRADE, José H. Fischel de. Direito internacional dos refugiados: evolução histórica (1921-1952). Rio de Janeiro: Renovar, 1996, p. 15.

I. Breve histórico do instituto do asilo

para proteção de estrangeiros frente a perseguição no seu país de origem.

O refúgio passou a ser um marco na proteção internacional dos direitos humanos, concebido inicialmente pelo direito internacional como resultado de um esforço de solidariedade da sociedade internacional, atenta e preocupada em consagrar os direitos dos indivíduos, consagrando a proteção dos seres humanos mesmo fora do país de sua nacionalidade.

II. Direito de asilo na pós-modernidade

A banalização do mal operada pelos episódios das duas grandes guerras transformou profundamente as relações entre os países. Os estados, antes regidos pelas noções de soberania absoluta, positivismo voluntarista e consequencialismo, agora precisavam se submeter a alguma forma de controle externo para evitar novos excessos.

A solução passou pela criação de um organismo internacional – a **Organização das Nações Unidas (ONU)** – dedicado à cooperação entre as nações, em regular o uso da força e na consagração de valores universais expressos em cânones jurídicos: os direitos humanos. A ideia, apesar de inovadora, valeu-se das experiências e frustrações anteriores, especialmente, no direito humanitário, proteção dos refugiados, Liga das Nações, Organização Internacional do Trabalho, do Tratado de Versalhes, etc.

A partir da ONU, a sociedade internacional vem passando por um longo e tortuoso **processo de institucionalização e humanização**. A institucionalização foi iniciada pela Carta das Nações Unidas e a humanização tem como marco a Declaração Universal dos Direitos Humanos (DUDH), fundando o que se convencionou chamar de direito internacional dos direitos humanos. Junto com a DUDH, o Pacto Internacional de Direitos Civis e Políticos (PIDCP) e o Pacto de Direitos Econômicos, Sociais e Culturais (PIDESC), formam a "Carta de Direitos Humanos" ou *International Bill of Rights*, dois importantes instrumentos internacionais que complementam a DUDH.

Assim, a sociedade internacional fragmentária e estatal passou a ser institucionalizada e humanizada por uma **comunidade internacional**. Além dos estados, seres humanos (individualmente ou coletivamente) e organizações internacionais tornaram-se sujeitos de direito internacional. Além destes, organizações não governamentais e empresas multinacionais, muito embora ainda não sejam sujeitos de direito internacional, podem ser chamados de atores internacionais, dado o importante papel que exercem no cenário internacional.

Contudo, somente com o fim da Guerra Fria, o paradigma comunitário do direito internacional começou a ser sentido e colocado à prova.

Se antes, os direitos humanos estavam dentro de uma retórica legislativa – com a aplicação de instâncias internacionais de proteção – tais como as Comissões e Cortes regionais, os Comitês dos tratados, o Conselho de Direitos Humanos (e a antiga Comissão), o Alto-Comissariado das Nações Unidas para os Direitos Humanos (ACNUDH), o Alto-Comissariado das Nações Unidas para os Refugiados (ACNUR) e o Tribunal Penal Internacional, com suas decisões e recomendações obrigando ou constrangendo os estados e seus governantes – agora, adentram a uma **fase de efetivação dos direitos humanos.**

A compreensão do paradigma de comunidade internacional é imprescindível para encontrar soluções para as **questões transacionais ou transfronteiriças**, como por ex. a crescente massa de pessoas que buscam esperança de dias melhores fora do seu país de nacionalidade. Em um mundo onde as fronteiras têm sido diluídas, os conflitos armados e desastres ambientais em um lado do mundo são sentidos rapidamente em outra parte dele, a globalização não se revelou somente econômica, mas revelou uma diversidade crescente de problemas comuns em que se exige respostas também comuns da comunidade internacional.

A desgastada e puída estrutura do Estado-Nação não fornece as soluções necessárias para resolver os problemas que ultrapassam as fronteiras físicas. Cada dia mais o mundo se torna "menor", com questões locais que também se revelam globais, mas também com questões globais que se revelam locais. Assim, a comunidade internacional vem solucionando os problemas transfronteiriços ou transnacionais, que vão desde o crime organizado até a questão dos refugiados, através de diversos mecanismos multiníveis de decisão, na qual se convencionou chamar de **governança global**.

Desta maneira, diferente do que se pensou ao fim da Guerra Fria, o mundo globalizado não passou a ser governando por uma superpotência vencedora ou unicamente pelas Nações Unidas, o poder decisório está disperso em várias instâncias de governança da comunidade internacional, na qual fazem parte os sujeitos do direito internacional seus novos atores.

Desta maneira, ao falarmos dos refugiados deve-se estar atento a tais transformações, a fim de que o problema não seja enxergado apenas como uma questão interestatal, quando se está falando da vida de milhões de seres humanos que atravessam fronteiras internacionais.

Neste sentido, os dados falam por si, em levantamento anual realizado pelo Alto-Comissariado das Nações Unidas para os Refugiados (AC-

II. Direito de asilo na pós-modernidade

NUR) através do relatório *"Global Trends – Forced Displacement"*, em 2016, o número de pessoas deslocadas forçadamente dos seus lares como resultado de perseguições, conflitos, violência, desastres ambientais e outras violações de direitos humanos, atingiu 65 milhões de pessoas. São pessoas que fogem de conflitos como os da Síria e do Sudão, na qual a única alternativa é a proteção da comunidade internacional.

Deste assombroso número de pessoas, 25 milhões estão sob a específica proteção do direito internacional dos refugiados, sendo que 22 milhões tiveram o refúgio concedido e 3 milhões esperam a conclusão do processo, estando sob a condição de solicitantes de refúgio[6]. Portanto, apenas 40% dos deslocamentos forçados receberam proteção como refugiados e tiveram a chance de construir um futuro em outros países.

Os outros 60%, o que dá aproximadamente 40 milhões de pessoas, não atravessaram a fronteira internacional do estado na qual ocorre a violação dos direitos humanos, seja porque não quiseram ou na maioria das vezes não puderam. São chamados de **deslocados internos** e não recebem proteção do Estatuto dos Refugiados, justamente porque não atravessaram uma fronteira internacional em busca de asilo em outros países. Assim, permanecem vivendo em condições precárias, quase sempre em "campos de refugiados ou deixados à própria sorte, sem qualquer esperança do porvir".

Desta maneira, podemos estabelecer que o refúgio tem a mesma origem que os deslocados internos, mas o regime de proteção se diferencia substancialmente. Enquanto o refúgio é dotado de um sólido sistema de proteção, mesmo que apresente falhas, os deslocados internos são tratados quase que exclusivamente como uma questão interna dos estados, muito embora aos poucos isto vem mudando através da criação de um sistema de proteção, que pode ser chamado de direitos humanos dos deslocados internos, ao qual será tratado mais a frente.

---

6. Em inglês se usa a expressão *asylum-seekers*.

III. Governança global e os direitos humanos dos deslocados internos

A migração internacional e os deslocamentos forçados representam uma das manifestações mais complexas da pós-modernidade. Na tentativa de gerenciar os fluxos migratórios e deslocamentos forçados, agentes estatais e não estatais têm buscado maneiras de lidar com tais problemas através da chamada governança global, que vem ocupando o espaço internacional em transição, onde os estados não têm mais o protagonismo exclusivo na apresentação de soluções.

A **governança global** compreende o conjunto de mecanismos e soluções para regulação das relações comuns entre estados, organizações governamentais e não governamentais (ONGs), empresas, indivíduos e suas comunidades, em um mundo multilateral e globalizado, pela qual diversas instâncias são dotadas de capacidades decisórias.

O surgimento da governança global se deu a partir da necessidade de regular as diversas atividades humanas que não se limitam mais à fronteira e jurisdição de um único estado. Um bom exemplo ocorre nas migrações, onde o aumento expressivo no número de pessoas que se deslocam ao redor do globo nos últimos anos, de forma sem precedentes, vem demandando novas soluções pelos diversos mecanismos de governança global e não só pelos estados[7].

A **governança global nas migrações** tem no seu foco diversos problemas transfronteiriços, tais como: migração de trabalhadores, tráfico de pessoas para exploração sexual, escravidão ou transplante de órgãos, bem como o refúgio[8]. Dentre todas estas questões, fica claro que o refú-

---

7. BETTS et al, 2011. A constatação foi verificada a partir de dados pelo "Global Migration Governance project" do Departamento de Política e Relações Internacionais da Universidade de Oxford.
8. Idem. Como por ex. "low-skilled labour migration, high-skilled labour migration, irregular migration, international travel, lifestyle migration, environmental migration, human trafficking and smuggling, asylum and refugee gee protection, internally displaced people, diaspora, remittances, and root causes"

gio se tornou um dos temas de maior repercussão no contexto das migrações no Século XXI.

O refúgio sempre foi um problema de fronteiras, sejam as fronteiras físicas, que estabelecem o território de um estado, sejam as fronteiras virtuais, que separam as minorias ou os grupos étnicos e sociais em relação à maioria ou aos grupos dominantes. A própria dinâmica do refúgio envolve questões transfronteiriças, já que a pessoa perseguida se desloca para um outro país buscando a proteção através do exercício do direito de asilo.

O **instituto do refúgio** foi estabelecido no sentido de proteger indivíduos ou grupos de indivíduos com fundado temor de perseguição por motivos raciais, religiosos, políticos, de nacionalidade ou por pertencerem a determinado grupo social. O refúgio é um instituto antigo, mas que recebeu os atuais contornos no início do século passado com as perseguições ocorridas em relação a diversos grupos, como resultado do fim de grandes impérios na Europa e o deslocamento forçado de milhões de pessoas acarretado pelas duas grandes guerras.

No entanto, as pessoas que não atravessavam a fronteira e permaneciam deslocadas dentro do próprio estado – os **deslocados internos** – recebiam proteção internacional tão somente pelo direito humanitário, ficando de fora da proteção do direito internacional dos refugiados, muito embora as causas de deslocamento fossem as mesmas.

No fim dos anos 80, após a constatação de tais fatos pelo ACNUR e pela sociedade civil através das diversas ONGs que trabalham com o tema, os deslocamentos internos passaram a ser considerados uma fase anterior ao refúgio, configurando uma violação ao direito internacional dos direitos humanos. Quando, então, o **ACNUR ficou responsável pela assistência aos deslocados internos**, como forma de evitar o refúgio, protegendo os grupos perseguidos no próprio território do estado.

Assim, o instituto do refúgio passou a ter uma **proteção do ponto de vista objetivo**: o estado tem o dever de prevenir, proteger e sancionar violações aos direitos humanos, sob pena de responsabilização internacional. Explicando melhor: os órgãos de governança global, com destaque para o ACNUR e ONGs, começaram a perceber que as causas dos deslocamentos forçados correspondem a graves violações cometidas pela ação ou omissão dos estados e a melhor maneira de evitar o refúgio é garantindo que tais direitos não sejam violados.

III. Governança global e os direitos humanos dos deslocados internos

Desta maneira, os deslocados internos passaram a ocupar a pauta da ONU, mesmo depois de uma árdua luta[9] desenvolvida ao longo dos anos oitenta no âmbito do chamado **"Projeto Deslocados Internos"** (PDI)[10], quando foi elaborado o primeiro relatório sobre o assunto junto à Comissão de Direitos Humanos e após a criação do cargo de Representante do Secretário-Geral das Nações Unidas sobre Deslocados Internos[11]. Incialmente, a questão passou a ser enquadrada pelos estados como assunto interno, já que tecnicamente os deslocados internos não ultrapassam nenhuma fronteira física, ou seja, continuam no domínio da soberania territorial.

Nessa perspectiva, a discussão do tema teria que passar necessariamente pela **releitura da clássica noção de soberania** – um dos redutos intocáveis do direito internacional, o que explica o ritmo lento das vitórias. Apesar disso, os deslocados internos precisavam ser identificados dentro da gramática dos direitos humanos, até porque havia certa confusão entre os deslocados internos e os refugiados, onde, inclusive, parte da doutrina os classificava como "refugiados internos"[12].

Além disso, não havia nenhum tratado ou qualquer outra norma tratando do tema ou que ao menos fizesse referência ao termo deslocado interno ou ao deslocamento interno. Após diversos esforços e amplo debate entre ONGs e os estados junto com o Representante para os Deslocados Internos no ambiente onusiano, finalmente foi editada uma norma de *soft law*: os **Princípios Orientadores relativos aos Deslocados Internos**, ou simplesmente "Princípios Orientadores", também conhecido como Princípios Deng[13].

Os "Princípios Orientadores" dispõem sobre diversas diretrizes a serem observadas pelos estados, dando início a um verdadeiro micros-

---

9. A luta teve início com o "Projeto Deslocados Internos" por meio do qual diversas ONGs iniciaram um intenso diálogo com a diplomacia dos estados e a ONU. Além disso, a questão é detalhadamente narrada na obra *Internal displacement: conceptualization and its consequences* (WEISS; KORN, 2006), descrevendo como as ONGs desempenharam um papel indispensável para todos os ganhos obtidos, destacando-se a abordagem junto a diplomacia austríaca através de reuniões de convencimento sobre o tema até a mudança de postura da Comissão de Direitos Humanos em aprovar a resolução.
10. O PDI envolvia a participação de diversas organizações não governamentais, tais como a Brooking Institution, Refugee Policy Group (RPG), Quaker United Nations Office, Universidade de Berna, além do apoio diplomático de diversos estados.
11. WEISS; KORN, 2006.
12. WEISS; KORN, 2006.
13. Ou "Princípios Deng", em homenagem ao Representante para os Deslocados Internos da ONU: Francis Deng.

ESTATUTO DOS REFUGIADOS – *Eduardo Paredes*

sistema de proteção dos deslocados internos, na qual se denominou **direitos humanos dos deslocados internos**[14]. Quase que em uma trilogia, os "Princípios Orientadores" correspondem a uma combinação de normas já previstas em tratados de direito internacional dos direitos humanos, de direito internacional humanitário e de direito internacional dos refugiados, além de normas especificamente elaboradas para os deslocados internos[15].

Diante da criação de um consenso internacional sobre o tema e após a elaboração dos "Princípios Orientadores", os direitos humanos dos deslocados internos começaram a ser delineados e o **conceito de deslocado interno** foi enfim estabelecido, como sendo:

> *Pessoas, ou grupos de pessoas, forçadas ou obrigadas a fugir ou abandonar as suas casas ou seus locais de residência habituais, particularmente em consequência de, ou com vista a evitar, os efeitos dos conflitos armados, situações de violência generalizada, violações dos direitos humanos ou calamidades humanas ou naturais, e que não tenham atravessado uma fronteira internacionalmente reconhecida de um Estado[16].*

De qualquer sorte, uma das questões mais delicadas em relação aos deslocados internos é o direito à moradia e o seu respectivo retorno, o que conduziu a ONU a estabelecer um tratamento ainda mais específico sobre o tema. A Subcomissão de Promoção e Proteção dos Direitos Humanos da ONU aprovou os **Princípios das Nações Unidas sobre a Restituição de Moradia e Propriedade aos Refugiados e Deslocados Internos**, também conhecido como "Princípios Pinheiro" – em digna homenagem ao diplomata brasileiro Sérgio Pinheiro, por sua indispensável contribuição na elaboração da norma.

Vale ressaltar que os "Princípios Pinheiro" são aplicáveis tanto aos refugiados, quanto aos deslocados internos. A explicação é de que tais princípios são aplicados nas situações de retorno dos refugiados (*returnees*), mas também dos deslocados internos, ou seja, na fase posterior do deslocamento forçado a situação novamente se assemelha, devendo o estado garantir a participação dos retornados no plano de gestão do regresso, reassentamento e reintegração a propriedade e moradia que deixaram para trás.

---

14. WEISS; KORN, 2006.
15. MARTINS, 1999.
16. ONU, 1998.

III. Governança global e os direitos humanos dos deslocados internos

A partir daqui podemos concluir que o **refúgio se apresenta em três fases**: a (i) anterior, onde ocorrer uma violação grave aos direitos humanos, como em regra uma perseguição, que acarreta um deslocamento forçado; (ii) propriamente dita, quando atravessa a fronteira internacional do seu país de nacionalidade em busca de proteção internacional em outro país através do asilo e a concessão do status de refugiado; e a (iii) fase posterior, quando a perseguição e a violação dos direitos humanos se encerra e é possível o retorno do refugiado ao seu antigo projeto de vida, quando possível através da restituição da propriedade, moradia, emprego etc., caso contrário, fará jus a uma indenização.

Portanto, o **refúgio se diferencia dos deslocados internos** em sua fase intermediária, porque os deslocados internos não atravessam uma fronteira estatal e continuam no país de sua nacionalidade, mesmo que possa corresponder a uma minoria nacional.

Outra diferença, é que os deslocados internos têm um conceito muito mais abrangente envolvendo conflitos armados, situações de violência generalizada, violações dos direitos humanos, enquanto isso os refugiados têm como marca a perseguição indevida, mesmo que muitas vezes a perseguição se origine nas mesmas causas dos deslocamentos internos. No entanto, ressalta-se que no conceito ampliado de refugiado, os dois conceitos se equivalem neste ponto.

Uma última e importante diferença envolve as questões ambientais. Enquanto os desastres naturais ou ambientais causados pelo homem ou pela própria natureza compõe o conceito de deslocado interno, o mesmo não se pode dizer quanto aos refugiados, apesar de pequena parcela da doutrina defender a existência de **"refugiados ambientais"**. O certo é que não existe marco normativo legal ou costumeiro apto a sustentar o refúgio com base em causas ambientais.

No *Caso Teitiota vs. Nova Zelândia*, julgado pelo Poder Judiciário neozelandês, um cidadão de Kiribati após ter o seu visto de trabalho expirado na Nova Zelândia solicitou a concessão de asilo sob o argumento de que o seu país, Kiribati, estava desaparecendo com o aquecimento global. No entanto, o tribunal neozelandês tratou a questão sob o prisma jurídico da Convenção sobre o Estatuto dos Refugiados e negou a condição de "refugiado ambiental".

Como se vê, os deslocados internos são pessoas ou grupos de pessoas que por uma causa específica – conflitos armados, violência generalizada, violações de direitos humanos, desastres naturais provocados

ESTATUTO DOS REFUGIADOS – *Eduardo Paredes*

pelo ser humano ou não – deslocaram-se de uma parte do território para outra, sem transpor uma fronteira de um estado internacionalmente reconhecida, mas que mesmo assim, deixaram para trás, contra sua própria vontade, seu lar, sua vida, seus pertences e seu passado.

Muito embora os deslocados internos continuem submetidos à soberania territorial, os estados não podem se desvencilhar da obrigação de proteção e promoção dos direitos humanos. Os estados devem permitir que órgãos de monitoramento fiscalizem o devido cumprimento dos direitos humanos, além de permitir a necessária ajuda humanitária, sob pena da sua responsabilização internacional.

Desta forma, coerentemente, cobra-se dos estados o exercício de sua **soberania com responsabilidade,** traçando novos contornos ao conceito de soberania, que agora deve ser exercida com respeito aos direitos humanos, mesmo em momentos de crise. Tanto é assim, que os estados começaram a ser responsabilizados por violação aos direitos dos deslocados internos através do Sistema Regional Interamericano e do Sistema Europeu de Direitos Humanos e suas cortes – Corte Interamericana (CorteIDH) e Corte Europeia de Direitos Humanos (CorteEDH).

Por fim, deve ser destacado que os direitos humanos dos deslocados internos vêm sendo construídos a partir da jurisprudência das Cortes regionais, que interpretam suas convenções por meio dos "Princípios Orientadores" e "Princípios Deng". A proteção dos deslocados internos pode contribuir, de certo modo, para reduzir a chamada "crise dos refugiados".

Lei nº 9.474, de 22 de julho de 1997

Define mecanismos para a **implementação do Estatuto dos Refugiados de 1951**, e determina outras providências.

1. Direito internacional dos refugiados: abordagem inicial

O **início do século XX** traz ao mundo, como consequência dos séculos anteriores, uma série de acontecimentos com repercussão mundial, mas que tiverem seus efeitos sentidos com maior intensidade na parte europeia e em suas franjas. Se o fim da Idade Média foi marcado pela "caça às bruxas" e o terror da Inquisição, o alvorecer do século XX foi o período da perseguição de "raças", nacionalidades, crenças, grupos sociais e pessoas com opiniões políticas e ideológicas que se diferenciavam da maioria da sociedade nacional.

O mito do Estado-Nação e o espírito do nacionalismo chegam ao seu ápice. O discurso incendiário e genocida toma conta dos palanques e inflama a multidão contra um inimigo criado, na suposta ideia de que a nação deve ser uma e sagrar-se vencedora, sob pena de sucumbir aqueles que não fazem parte dela. O medo toma conta do imaginário, agora propagado pelas ondas de rádio, que viraliza nos mais distantes rincões da nação.

A modernidade chega ao seu destino, a corrida tecnológica entre as nações precisa ter um vencedor. O diferente ou o "outro" precisa ser extirpado, porque além de ser o culpado de todas as mazelas que sofre a sociedade, também está ocupando o lugar e as oportunidades daqueles que são os verdadeiros donos da nação. O genocídio armênio e o holocausto judaico são importantes e tristes resultados do pensamento que pairava sob a mentalidade humana naquele período.

Durante este período, grandes fluxos de pessoas passam a viver dentro de novas fronteiras e ideologias, forçados a fugir de um local para outro sem perspectivas de retornar aos seus antigos lares ou o mundo ao qual viviam. Os traumas e ranços das novas divisões nacionais e territoriais não demoraram a colocar os rivais em duas grandes guerras, que serviram para ampliar ainda mais o período sombrio de perseguição e de deslocamentos forçado.

Assim, em uma Europa assolada por hecatombes, em destroços, novamente dividida e com um novo mapa redesenhado, o refúgio nasce como resposta para proteção de milhões de pessoas afugentadas pelo surgimento de novos estados e o resultado causado pelas duas grandes guerras mundiais. O refúgio não era uma novidade, mas uma adaptação de um instituto que remonta ao *asylum* dos gregos e que já ocupava o espaço do direito internacional desde aqueles primórdios, mas, agora, totalmente remodelado para atender os anseios destes deslocamentos em massa em território europeu.

Diferentemente da perseguição que ensejava a proteção através do asilo e da experiência do asilo diplomático na América latina, o refúgio tem como característica a **"multiplicidade de motivos"**. A perseguição não estava baseada tão somente na opinião política ou religiosa, mas também no simples fato de pertencer a uma nacionalidade ou um grupo ideológico específico, o que ensejava a total falta de proteção frente ao estado de origem e exigia da comunidade internacional uma resposta.

A resposta internacional veio de forma institucionalizada, em um primeiro momento na Liga das Nações e, após, com as Nações Unidas. Na Liga das Nações, a abordagem versava sobre uma resposta coletiva para atender grupos específicos (imensas massas de pessoas desterradas ou perseguidas). Já nas Nações Unidas, a abordagem passou a ser individual, verificando em cada caso a existência de perseguição e a necessidade de proteção.

Neste sentido, Fischel de Andrade[17], em seu brilhante apanhado histórico, divide o nascimento do direito internacional dos refugiados em duas fases de proteção: (i) a primeira, de 1921-1938, no âmbito da Liga das Nações, quando a proteção era concedida em uma **perspectiva coletiva**, ou seja, a "grupos inteiros" de refugiados, que tinham em comum, a falta, muitas vezes absoluta, de proteção jurídica; e (ii) a segunda, de 1938-1952, no durar da Segunda Guerra Mundial, com o fim dos trabalhos da Liga das Nações e no início das atividades das Nações Unidas, marcada pela proteção sob uma **perspectiva individualista**, ou seja, levando em conta as convicções pessoais dos refugiados.

---

17. ANDRADE, José H. Fischel de. Direito internacional dos refugiados: evolução histórica (1921-1952). Rio de Janeiro: Renovar, 1996, p. 26-27.

Lei n° 9.474, de 22 de julho de 1997

Segundo Fischel de Andrade, a partir de 1952, ou seja, da celebração da Convenção relativa ao Estatuto dos Refugiados (1951), surge uma nova fase de proteção dos refugiados – a **fase contemporânea**, construída a partir das duas fases anteriores, porém, inspirada em uma perspectiva individualista. Na verdade, apesar do esforço do autor em sistematizar historicamente o direito internacional dos refugiados, pensa-se que a fase contemporânea nada mais é do que um desdobramento da "segunda fase", até porque todo o processo ocorreu sob os auspícios das Nações Unidas.

Além destas fases descritas por Fischel de Andrade, poderíamos acrescentar uma **fase pós-moderna do direito internacional dos refugiados**, onde o processo não pode ser olhado isoladamente de forma simples e desconectada dos fluxos migratórios. Nesta nova fase, iniciada com o fim da polaridade mundial, porém acirrada a partir do "novo milênio", a questão dos refugiados deve ser compreendida como algo complexo, um componente dos muitos fluxos migratórios existentes, a chamada migração mista.

De qualquer forma, uma abordagem histórica é importante para compreensão e solidificação dos importantes institutos, que, hoje se pode falar, deram autonomia a um dos ramos do direito internacional dos direitos humanos, o direito internacional dos refugiados. Deste modo, a análise do direito internacional dos refugiados como um feixe de proteção do direito internacional dos direitos humanos é demasiadamente importante para sua caracterização.

2. Direito internacional dos direitos humanos e os três feixes de proteção

O direito internacional dos direitos humanos nasce com a DUDH, mas recebe proteção adicional com os "Pactos de 1966" (PIDC e PIDESC), formando a Carta de Direitos Internacional, depois avalizada pela Declaração de Viena (1993) e Teerã (1968) – dois importantes compromissos da comunidade internacional sobre a efetivação dos direitos humanos.

A característica mais marcante do direito internacional dos direitos humanos é a proteção dos seres humanos a partir do universalismo e da indivisibilidade, independentemente do local de nascimento ou onde quer que se encontre, todos os seres humanos são titulares de direito, dotando-os de uma espécie de **"cidadania universal"**. Desta maneira, pode-se dizer que o direito internacional dos direitos humanos operou uma humanização do direito internacional, ao expressar o ser humano como valor máximo da comunidade internacional.

ESTATUTO DOS REFUGIADOS – *Eduardo Paredes*

▶ Aplicação em concurso

- *Defensor Público – DP/GO (CS-UFG) – 2014*

"Acerca das três grandes vertentes jurídicas da proteção internacional da pessoa humana – direitos humanos, direito humanitário e direito dos refugiados – existem convergências e divergências. Nesse sentido,

A) a visão compartimentalizada dessas três grandes vertentes encontra-se definitivamente implantada na atualidade.

B) a prática contemporânea deixa de admitir a aplicação simultânea de normas de proteção do direito internacional dos direitos humanos, do direito internacional dos refugiados e do direito internacional humanitário.

C) o processo de gradual distanciamento e divergência do direito humanitário, com a proteção internacional dos direitos humanos, tem-se manifestado nos planos normativo, hermenêutico e operacional.

D) o Estado, na proteção internacional da pessoa humana em tempo de paz, está isento em seus deveres jurídicos de tomar medidas positivas para prevenir, investigar e sancionar violações dos direitos humanos.

E) o reconhecimento, inclusive judicial, do alcance e da dimensão amplos das obrigações convencionais de proteção internacional da pessoa humana assegura a continuidade do processo de expansão do direito de proteção."

Obs.: a alternativa "e" está correta.

- *Defensor Público – DP/PR (FCC) – 2012*

"O Direito Internacional dos Direitos Humanos, o Direito Internacional Humanitário e o Direito Internacional dos Refugiados são constituídos, cada um deles, por distintos conjuntos normativos que, no entanto, gradualmente, evoluíram de um funcionamento compartimentalizado para uma crescente interação. Sobre o relacionamento dessas três vertentes da Proteção Internacional da Pessoa Humana é INCORRETO afirmar:

A) De uma maneira geral, pode-se dizer que as situações específicas não protegidas pelo Direito Internacional Humanitário e pelo Direito Internacional dos Refugiados são abarcadas pelo Direito Internacional dos Direitos Humanos.

B) A relação entre Direito Internacional dos Direitos Humanos e Direito Internacional dos Refugiados lança luz sobre a dimensão preventiva da proteção da pessoa humana no plano internacional, pois, as violações sistemáticas de direitos humanos em determinado país levam ao deslocamento de indivíduos para outras regiões, em função dos temores de perseguição por motivos de raça, religião, nacionalidade ou opinião política.

Lei nº 9.474, de 22 de julho de 1997

C) A proteção de vítimas em conflitos internos e situações de emergência constitui um profícuo campo de interação entre o Direito Internacional Humanitário e o Direito Internacional dos Direitos Humanos.

D) Pela Cláusula de Martens, instituto de Direito Internacional Humanitário, nas situações não previstas, tanto os combatentes, quanto os civis, ficam sob a proteção e a autoridade dos princípios do direito internacional, o que abre espaço para a incidência do Direito Internacional dos Direitos Humanos.

E) O princípio do non-refoulement, instituto de Direito Internacional Humanitário aceito e reconhecido pela comunidade internacional como jus cogens, aplica-se ao Direito Internacional dos Refugiados e ao Direito Internacional dos Direitos Humanos."

Obs.: a alternativa "e" está incorreta.

O direito internacional dos direitos humanos pode ser dividido em **três feixes de proteção**, conforme leciona Cançado Trindade[18]:

(i)   direito internacional dos direitos humanos (em sentido estrito), composto das normas gerais de direitos humanos;

(ii)   direito internacional humanitário, restringindo-se às normas de direitos humanos que se aplicam aos conflitos armados;

(iii)   direito internacional dos refugiados.

Apesar da especialização na proteção **(relação de especialidade)**, isto não afasta os três ramos do objetivo maior de proteção ao ser humano, ao contrário devem estar sempre coordenados e sobrepostos de forma a garantir a máxima proteção dos seres humanos **(relação de identidade e convergência)**. Além destas duas relações, André de Carvalho Ramos[19] destaca outras duas, a **relação de complementariedade**, na qual se destaca o papel do direito internacional dos direitos humanos em suprir lacunas nos dois ramos específicos de proteção ou mesmo quando não haja um modelo específico de proteção como no caso dos deslocados internos; e a **relação de influência recíproca**, a partir das experiências e construções jurídicas de cada um.

---

18.   TRINDADE, Antonio Augusto Cançado; PEYTRIGNET, Gerárd; SANTIAGO, Jaime Ruiz de. *Las três vertentes de la protección internacional de los derechos de la persona humana: derechos humanos, derecho humanitário, derecho de los refugiados*. Cidade do México, México: Porruá, 2003, p. 106.

19.   RAMOS, André de Carvalho. Teoria Geral dos Direitos Humanos. São Paulo: Saraiva, 2015, p. 67-68.

31

3. Construção histórica do direito internacional dos refugiados e dos seus principais institutos

Retomando especificamente a construção histórica do direito internacional dos refugiados, o mesmo não existiria sem a saga do explorador e diplomata norueguês **Fridtjof Nansen**[20], com seu ímpeto de ajudar grupos perseguidos e deslocados compulsoriamente, iniciou um processo de conscientização da comunidade internacional acerca da necessidade de oferecer uma proteção específica para tais pessoas, de maneira diferente da previsão genérica do asilo.

Ao fim da I Guerra Mundial e o surgimento da Liga das Nações, a experiência e os esforços de Nansen são encarnados na criação de diversos alto-comissariados para diferentes grupos que exigiam proteção internacional. Como exemplo marcante podemos citar o **Alto-Comissariado para os Refugiados Russos**, que substitui a proteção humanitária prestada pela Cruz Vermelha e outras organizações não governamentais, constituindo um marco para separar o refúgio do direito internacional humanitário – já que havia muita confusão em tratar o refúgio como uma questão do direito humanitário.

Após, em 1921, surge dentro da Liga das Nações o **Escritório Internacional Nansen para os Refugiados**, na tentativa de unificar os diversos altos-comissariados em um único organismo de coordenação, porém descentralizado, ou seja, com várias representações a fim de dar capilaridade à atuação em prol dos refugiados. Entretanto, permaneceu na Liga das Nações a responsabilidade pelos ajustes intergovernamentais que estabeleciam os estatutos dos refugiados – nesta época, não havia uma normativa comum, mas normativas específicas para cada grupo de refugiados ou por países acolhedores (lembrem-se que neste período a perspectiva do instituto era coletiva e não individual).

A atuação do Escritório Nansen restringiu-se à assistência humanitária e uma forma de proteção quase-consular, expedindo documentos de viagem e passaportes ("**passaporte nansen**"), diferenciando os refugiados dos apátridas, a fim de evitar a confusão entre os institutos de proteção. Deve ser ressaltado, que o "passaporte nansen" serviu de modelo e inspiração para a documentação destinada a identificação dos refugiados prevista na "Convenção de 1951" e que vigora nos dias de hoje.

---

20. Nansen recebeu o Nobel da Paz em 1922. Em 1954, a ONU criou um prêmio dedicado a pessoas e organizações que prestam relevantes serviços aos Refugiados, o Prêmio Nansen.

Lei nº 9.474, de 22 de julho de 1997

O Escritório Nansen também foi responsável pela elaboração da **Convenção Relativa ao Estatuto Internacional dos Refugiados (1933)**, de forma a substituir os diversos acordos intergovernamentais e unificar os diversos estatutos dos refugiados celebrados através Liga das Nações com cada país. No art. 3º da "Convenção de 1933" foi consagrado o princípio da não devolução (*non-refoulement*). A "Convenção de 1933" foi ratificada por um número muito pequeno de países, o que a esvaziou como mecanismo de proteção universal. De qualquer forma, serviu de exemplo e inspiração para a "Convenção de 1938" e a "Convenção de 1951".

Em 1938, a fim de solucionar os problemas envolvendo os refugiados judeus provenientes da Alemanha celebra-se a **Convenção Relativa ao Estatuto dos Refugiados provenientes da Alemanha (1938)** e cria-se o **Alto-Comissariado para os Refugiados provenientes da Alemanha.** O destaque para "Convenção de 1938" está no conceito de refugiado adotado, agora parte de uma perspectiva individualista contendo o "fundado temor de perseguição" e também "cláusulas de exclusão" para aqueles que já possuam outra proteção (ex. outra nacionalidade além daquela onde se encontra perseguido) ou que fugiram por mera conveniência pessoal, marcando definitivamente o conceito de refugiado e influenciando a "Convenção de 1951".

Com o início da Segunda Guerra Mundial, a Liga das Nações extingue o Escritório Nansen e o Alto-Comissariado para os Refugiados provenientes da Alemanha, criando o **Alto-Comissariado da Liga das Nações para os Refugiados,** com um grau maior de atribuições em relação a todos os outros que os precederam. Neste momento, conviviam duas convenções, a "Convenção de 1933", para os refugiados em geral, também chamados de "refugiados nansen", e a "Convenção 1938", destinada aos refugiados judeus perseguidos na Alemanha.

Com o fim das atividades da Liga das Nações, a questão dos refugiados ficou a cargo do **Comitê Intergovernamental para os Refugiados,** que já existia desde a criação do Alto-Comissariado da Liga das Nações, mas com as atividades voltadas mais aos "refugiados alemães". O Comitê sempre teve direta influência do governo americano e iniciou suas atividades a partir da Conferência de Evian (1938), da qual o Brasil fez parte.

Nos trabalhos seguintes a **Conferência de Evian** estabeleceu-se uma definição da qualificação de refugiado, incluindo pela primeira vez os motivos da perseguição – "opiniões políticas, credos religiosos e origem racial". Como destaca Fischel de Andrade, "somente indivíduos forçados a emigrar por uma, ou mais de uma, das causas enumeradas receberiam proteção e assistência"[21]. A outra importante inovação foi a possibilidade de refúgio quando o solicitante ainda estivesse no país de origem, ou seja, perante a sua jurisdição doméstica, o que reforça a ideia de proteção pela comunidade internacional e a observância dos direitos humanos.

Com o fim da Segunda Guerra Mundial e o surgimento da Organização das Nações Unidas (ONU), foi criada a **Organização Internacional para os Refugiados (OIR)**, com sede em Genebra, pondo fim a multiplicidade de organismos e centralizando as atividades institucionais. A quantidade de deslocados internos e refugiados era imensa no pós-guerra e os instrumentos jurídicos não alcançavam a maioria das pessoas que necessitavam de proteção, para isso, seria necessário a elaboração de um novo tratado para qualificar com ampla aceitação o termo refugiado.

A própria **Constituição da OIR** foi responsável por tal qualificação. Contudo, a principal contribuição deste instrumento jurídico não foi a definição de refugiados, mas o **sistema de determinação de elegibilidade dos refugiados**, que *mutatis mutandis* se mantém até os dias de hoje. O sistema é composto de duas fases, a primeira consiste na (i) **fase instrutória**, quando funcionários da OIR em um dos escritórios de representação analisam a solicitação com os documentos e realizam uma audiência de elegibilidade; a segunda consiste na (ii) **fase recursal ou de revisão**, que somente ocorrerá em caso de indeferimento da solicitação de refúgio.

A duração temporária da Organização Internacional dos Refugiados põe fim a uma interessante e proveitosa experiência com os refugiados, que seria aproveitada pelo órgão que lhe sucedeu, o Alto Comissariado das Nações Unidas para os Refugiados – ACNUR. Exemplo disso é o sistema de elegibilidade, que foi mantido no Estatuto dos Refugiados estabelecido pela "Convenção de 1951".

A **diferença no sistema de elegibilidade da "Convenção de 1951"** é que as fases instrutória e recursal passaram a ocorrer dentro do país ao qual o refúgio é solicitado e não mais através do organismo internacional responsável. Apesar de o processo ocorrer a partir de órgãos estatais, o organismo internacional exerce fiscalização e participa diretamente no procedimento de elegibilidade, porém, variando o grau de participação conforme a legislação de cada país. No Brasil, (o ACNUR) além de fiscalizar, também participa do CONARE, contudo sem direito a voto, somente com direito de voz no conselho.

---

21. ANDRADE, José H. Fischel de. Direito internacional dos refugiados: evolução histórica (1921-1952). Rio de Janeiro: Renovar, 1996, p. 127.

Lei nº 9.474, de 22 de julho de 1997

4. Alto Comissariado das Nações Unidas para os Refugiados – ACNUR

No ano de 1949, a Assembleia Geral das Nações Unidas (AGNU) através da Resolução nº 319 (IV)[22], cria o **Alto Comissariado das Nações Unidas para os Refugiados – ACNUR**, órgão subsidiário da AGNU, uma agência especializada da ONU. A previsão era de que o ACNUR funcionaria por um determinado período, porque os países acreditavam que a crise dos refugiados seria temporária. Após sucessivas prorrogações, em 2003, o ACNUR tem sua existência condicionada à solução do problema, e, deste modo, ganha ares de definitividade.

As **atribuições do ACNUR** podem ser resumidas nos seguintes pontos-chaves:

1. **Conscientização da questão**: promover a conscientização dos países para aderir à "Convenção de 1951" e ao "Protocolo de 1967", além de trazer a atenção da comunidade internacional e dos mecanismos de governança global para questão dos refugiados;

2. **Supervisão e assistência técnica aos países**: promover a supervisão para observância do Estatuto dos Refugiados a nível global e regional e oferecer assistência aos países na qualificação e proteção dos refugiados;

3. **Condições materiais**: assegurar a segurança, bem-estar e qualidade de vida para os refugiados por meio da cooperação e colaboração com os setores público e privado;

4. **Atenção especial aos grupos vulneráveis**: dedicar especial atenção para situação de fato de desproteção e necessidades especiais dos refugiados que pertencem a grupos vulneráveis como crianças, mulheres, idosos, pessoas com deficiência, vítimas de tráfico de pessoas, LGBTQI, indígenas etc.;

5. **Cessação das causas (deslocamento forçado e perseguição)**: combater junto com os mecanismos de governança global as causas do deslocamento forçado e da perseguição odiosa, a chamada fase inicial, que dão causa ao refúgio, outras formas de migração forçada e deslocamentos internos;

6. **Assistência humanitária**: prestar com entidades colaboradoras a assistência humanitária, especialmente através dos chamados

---

22. A Resolução 319 (IV) AGNU, 3/dez/1949, apesar de temporária, foi prorrogada para o desempenho das atribuições do ACNUR por sucessivas resoluções da AGNU. Somente em 2003, o ACNUR tem sua existência condicionada (ou eternizada) à solução do problema.

35

"campo de refugiados" (de natureza temporária e excepcional), e do fornecimento de alimentos, medicamentos e abrigo para pessoas nas zonas de conflito ou em áreas afetadas por catástrofes ambientais;

7. **Proteção aos deslocados internos:** desde os anos 1960, o ACNUR começou a prestar assistência humanitária e se deparava com pessoas que não se enquadravam na qualidade de refugiados, especialmente por ainda não terem cruzado uma fronteira internacional. Para legitimar esta atuação, nos anos 80, houve uma reforma no Estatuto do ACNUR para incluir a proteção dos deslocados internos;

8. **Proteção aos apátridas:** da mesma maneira que os deslocados internos, os apátridas também passaram a receber proteção específica do ACNUR. Assim, atualmente, o ACNUR tem entre suas atribuições a proteção dos refugiados, solicitantes de refúgio, deslocados internos e apátridas.

9. **Repatriação voluntária (retornados):** uma vez cessada as causas da perseguição ou a violação maciça e sistemática dos direitos humanos, o ACNUR passa a atuar na repatriação voluntária ou retorno dos refugiados e dos deslocados internos, a chamada fase posterior do refúgio, na qual são qualificados como retornados (ou *returnees*);

10. **Integração local ou reassentamento (mutação da condição migratória):** quando não for possível a repatriação voluntária, auxiliar junto aos governos locais para solução durável e mutação da condição migratória permitindo a integração local ou o reassentamento em outro país.

Em síntese, o ACNUR tem **duas funções principais**: (i) proteção internacional dos refugiados; e (ii) busca por solução duradouras para a questão dos refugiados. O mandato do Alto-Comissário é de cinco anos, sendo auxiliado pelo **Comitê Executivo** (ComEx), que no seu rol de atribuições o (a) assessoramento do Alto-Comissário em todas as suas funções, (b) aprovação das operações de assistência humanitária e (iii) supervisionar todos os aspectos administrativos e financeiros do ACNUR.

O ACNUR tem **sede** em Genebra e conta com **escritórios de representação regional e em países estratégicos**, além da **atuação conjunta com diversos colaboradores** – agências especializadas da ONU, organizações não governamentais, parceiros privados[23], organizações comunitárias, universidades, setor público, Cortes internacionais e organizações intergovernamentais regionais, como a Organização dos Estados Americanos (OEA).

---

23. Você também pode ser um doador do ACNUR e contribuir para um mundo melhor. Acesse: <http://www.acnur.org/portugues/>.

Lei nº 9.474, de 22 de julho de 1997

Art. 1º

O PRESIDENTE DA REPÚBLICA

Faço saber que o Congresso Nacional decreta e eu sanciono a seguinte Lei:

TÍTULO I
Dos Aspectos Caracterizadores

CAPÍTULO I
Do Conceito, da Extensão e da Exclusão

SEÇÃO I
Do Conceito

Art. 1º Será reconhecido como **refugiado** todo indivíduo que:

I - devido a **fundados temores de perseguição** por motivos de **raça, religião, nacionalidade, grupo social ou opiniões políticas** encontre-se fora de seu país de nacionalidade e não possa ou não queira acolher-se à proteção de tal país;

II - não tendo nacionalidade e estando fora do país onde antes teve sua residência habitual, não possa ou não queira regressar a ele, em função das circunstâncias descritas no inciso anterior;

III - devido a grave e generalizada violação de direitos humanos, é obrigado a deixar seu país de nacionalidade para buscar refúgio em outro país.

1. Conceito universal de refugiado e a "Convenção de 1951"

Uma das primeiras missões do ACNUR após a sua criação foi a elaboração de uma convenção que trouxesse um novo Estatuto dos Refugiados adaptado a nova realidade da comunidade internacional. Após intensos debates, em 28 de julho de 1951, a **Convenção sobre [ou relativa] ao Estatuto dos Refugiados (1951)** [24], mais conhecida como "Convenção de 1951", foi aprovada na Conferência das Nações Unidas de Plenipotenciá-

---

24. São estados-partes das Convenções 1951 e do Protocolo de 1967, 148 países. Madagascar e São Cristóvão e Neves são partes apenas da Convenção de 1951 não aceitando refugiados de fora da Europa e dos eventos ocorridos nas grandes guerras. Já Estados Unidos, Venezuela e Cabo Verde são partes apenas do Protocolo de 1969, aceitando assim como os demais países que são partes dos dois tratados, refugiados de qualquer país. Assim, não ratificaram a Convenção de 1951 e/ou o seu Protocolo de 1967, ou seja, não fazem parte do regime global de proteção dos refugiados: Cuba, Granada, Guiana Francesa, Líbia, Uzbequistão, Jordânia, Líbano, Síria, Iraque, Kuait, Emirados Árabes Unidos, Omã, Catar, Arábia Saudita, Índia, Nepal, Butão, Bangladesh, Indonésia, Mianmar, Malásia, Vietnã, Tailândia, Mongólia, Coreia do Norte e Taipei.

37

Art. 1º ESTATUTO DOS REFUGIADOS – *Eduardo Paredes*

rios sobre o Estatuto dos Refugiados e de Apátridas, mas somente entrou em vigor em abril de 1954.

Em que pese sua vocação universal, a "Convenção de 1951" possuía duas limitações expressas em seu texto normativo:

(i) **limitação temporal**[25], considerando que somente poderia ser qualificado como refugiado, as vítimas de perseguição em razão dos acontecimentos ocorridos antes de 1º de janeiro de 1951;

(ii) **limitação geográfica**[26], cada estado faria uma declaração para reconhecer refugiados: (ii.a) somente os provenientes da Europa ou (ii.b) com aplicação universal (provenientes de qualquer continente). Portanto, nos termos da redação da "Convenção de 1951" somente poderia qualificar-se como refugiado a pessoa proveniente da Europa ou de outro continente, conforme declaração de cada país, porém, exclusivamente em razão dos eventos ocorridos na Segunda Guerra Mundial.

Diversas foram as **razões que justificaram as limitações**, sendo cinco as principais considerações:

(i) os refugiados anteriores à Segunda Guerra foram reconhecidos por convenções anteriores e pela própria "Convenção de 1951"[27];

---

25. Dispõe o art. 1, §1, c, "Definição do termo "refugiado": "(...) c) Que, em conseqüência dos acontecimentos ocorridos antes de 1º de janeiro de 1951 e temendo ser perseguida por motivos de raça, religião, nacionalidade, grupo social ou opiniões políticas, se encontra fora do país de sua nacionalidade e que não pode ou, em virtude desse temor, não quer valer-se da proteção desse país, ou que, se não tem nacionalidade e se encontra fora do país no qual tinha sua residência habitual em conseqüência de tais acontecimentos, não pode ou, devido ao referido temor, não quer voltar a ele".

26. Dispõe o art. 1, §2: "Definição do termo "refugiado": "(...) §2. Para os fins da presente Convenção, as palavras "acontecimentos ocorridos antes de 1º de janeiro de 1951", do artigo 1º, seção A, poderão ser compreendidas no sentido de ou a) "Acontecimentos ocorridos antes de 1º de janeiro de 1951 na Europa". b) "Acontecimentos ocorridos antes de 1º de janeiro de 1951 na Europa ou alhures". E cada Estado Membro fará, no momento da assinatura, da ratificação ou da adesão, uma declaração precisando o alcance que pretende dar a essa expressão, do ponto de vista das obrigações assumidas por ele em virtude da presente Convenção. Qualquer Estado Membro que adotou a fórmula 1) poderá em qualquer momento estender as suas obrigações adotando a fórmula 2) por meio de uma notificação dirigida ao Secretário Geral das Nações Unidas".

27. Dispõe o art. 1, §1, a, b: "Definição do termo "refugiado": "(...)§1. Para os fins da presente Convenção, o termo "refugiado" se aplicará a qualquer pessoa: a) Que foi considerada refugiada nos termos dos Ajustes de 12 de maio de 1926 e de 30 de junho de 1928, ou das Convenções de 28 de outubro de 1933 e de 10 de fevereiro de 1938 e do Protocolo

Lei nº 9.474, de 22 de julho de 1997

Art. 1º

(ii) a questão dos refugiados seria temporária e exclusivamente relacionada à Europa ou próximo as suas fronteiras territoriais, e com o fim da Segunda Guerra não haveria, em tese, mais refugiados;

(iii) a América Latina entendia que os institutos regionais como por ex. o asilo político, apresentavam solução adequada aos seus problemas, com uma retórica "bairrista" sobre o tema[28];

(iv) desinteresse dos países asiáticos sobre o tema, que persiste até hoje, basta ver o mapa das ratificações; e

(v) o número reduzido de países africanos na ONU, que em razão do colonialismo, colocava a questão fora de pauta em relação aquele continente.

A partir dos anos 60, os diversos conflitos surgidos em território africano em seu período de descolonização modificaram radicalmente as atividades do ACNUR. Diferentemente dos refugiados europeus, os refugiados africanos fugiam dos seus países de origem para outros países que também se encontravam em situação de instabilidade política e econômica. Diferentemente do instituto pensado para o continente europeu e para o pós-guerra, o refúgio passou a ser encarado como uma questão que exigia respostas mais duráveis da comunidade internacional.

Desta maneira, a primeira solução encontrada foi suprimir a limitação temporal do conceito de refugiado através da aprovação do **Protocolo 1967 sobre o Estatuto dos Refugiados**, também conhecido como "Protocolo de 1967". A segunda foi persuadir os países para que aprovassem a Convenção de 1951 sem a limitação geográfica, ou se já tivessem ratificado, que se manifestassem sobre a cláusula novamente, desta vez com aplicação universal.

O Brasil é um bom exemplo para entendermos a aplicação das limitações previstas na "Convenção de 1951". Em 16 de abril de 1960, o Brasil ratificou a Convenção e declarou que considerava refugiado somente

---

de 14 de setembro de 1939, ou ainda da Constituição da Organização Internacional dos Refugiados. b) As decisões de inabilitação tomadas pela Organização Internacional dos Refugiados durante o período do seu mandato não constituem obstáculo a que a qualidade de refugiados seja reconhecida a pessoas que preencham as condições previstas no §2 da presente seção.

28. TRINDADE, Antônio Augusto Cançado; PEYTRIGNET, Gérard; RUIZ DE SANTIAGO, Jaime. **Las tres vertientes de la protección internacional de los derechos de la persona humana**: Derechos Humanos, Derecho Humanitario, Derechos de los Refugiados. Cidade do México, DF, México: Porrúa, 2003.

aqueles provenientes da Europa, nos termos do art. 1, §2, a. Portanto, ratificou a Convenção com as limitações geográfica e temporal. No dia 7 de abril de 1972, o país adere ao Protocolo de 1967 suprimindo a limitação temporal. Em 1989, o Brasil notifica o Secretário-Geral das Nações Unidas (SGNU) e retira a limitação geográfica, adotando o conceito universal de refugiado.

Ressalta-se que ao ratificar a "Convenção de 1951", o Brasil fez **reserva ao art. 15 (direito de associação), e art. 17 (direito ao trabalho)**, impedindo que refugiados trabalhassem, se organizassem, ou mesmo participassem da sociedade civil por meio de associações ou outros instrumentos associativos como sindicatos, cooperativas, etc. Em 1991, o Brasil finalmente retira as duas reservas à Convenção e no âmbito interno edita a Portaria Interministerial nº 394 do Ministério das Relações Exteriores e do, então, Ministério do Trabalho e Previdência Social, regulamentando o instituto do refúgio no Brasil.

Assim, somente a partir da "Convenção 1951" com as alterações do "Protocolo de 1967" passou a ser estabelecido um **conceito universal de refugiado**:

ARTIGO 1

Definição do termo "refugiado":

§1. Para os fins da presente Convenção, o termo "refugiado" se aplicará a qualquer pessoa:

c) Que, ~~em conseqüência dos acontecimentos ocorridos antes de 1º de janeiro de 1951 e~~ temendo ser perseguida por motivos de raça, religião, nacionalidade, grupo social ou opiniões políticas, se encontra fora do país de sua nacionalidade e que não pode ou, em virtude desse temor, não quer valer-se da proteção desse país, ou que, se não tem nacionalidade e se encontra fora do país no qual tinha sua residência habitual ~~em conseqüência de tais acontecimentos~~, não pode ou, devido ao referido temor, não quer voltar a ele.

Apesar do consenso acerca do conceito universal de refugiado estabelecido a partir de 1967, a questão dos refugiados foi assumindo novos contornos, levando a ampliações do conceito em âmbito regional, atendendo as peculiaridades da África e da América Latina, e dos cenários locais, a partir de conceitos estabelecidos na legislação interna de cada país, ampliando assim, a proteção do conceito universal (tido como o espeque mínimo de proteção aos refugiados) e atendendo à realidade da política migratória de cada país.

Lei nº 9.474, de 22 de julho de 1997 **Art. 1º**

2. Conceito ampliado de refugiado e as experiências regionais

O primeiro **conceito ampliado de âmbito regional** foi estabelecido através da Organização de Unidade Africana (OUA), atual União Africana (UA), como resultado de uma série de acontecimentos no continente africano, ocorridos após a descolonização. O **conceito ampliado de refugiado na África** foi estabelecido na Convenção da Organização de Unidade Africana (OUA) que rege os Aspectos Específicos dos Problemas dos Refugiados em África (1969) ou "Convenção de Adis-Abeba":

Artigo I. Definição do termo Refugiado

1 - Para fins da presente Convenção, o termo refugiado aplica-se a qualquer pessoa que, receando com razão, ser perseguida em virtude da sua raça, religião, nacionalidade, filiação em certo grupo social ou das suas opiniões políticas, se encontra fora do país da sua nacionalidade e não possa, ou em virtude daquele receio, não queira requerer a proteção daquele país; ou que, se não tiver nacionalidade e estiver fora do país da sua anterior residência habitual após aqueles acontecimentos, não possa ou, em virtude desse receio, não queira lá voltar.

2 - O termo refugiado aplica-se também a qualquer pessoa que, devido a uma agressão, ocupação externa, dominação estrangeira ou a acontecimentos que perturbem gravemente a ordem pública numa parte ou na totalidade do seu país de origem ou do país de que tem nacionalidade, seja obrigada a deixar o lugar da residência habitual para procurar refúgio noutro lugar fora do seu país de origem ou de nacionalidade.

Portanto, os países atentos aos numerosos deslocamentos que dão origem aos pedidos de refúgio no continente africado, ampliam o conceito de refugiado para incluir: a agressão, ocupação e dominação estrangeira (**intervenção externa e guerra de independência**) ou outros acontecimentos que perturbem gravemente a ordem pública (**conflitos armados e instabilidade institucional**) em todo o país ou em parte do seu território, além do fundado temor de perseguição pelos motivos já estabelecidos na "Convenção de 1951".

Da mesma forma, os países latino-americanos assolados por guerras civis, conflitos armados e situações de extrema instabilidade política nos anos 70 e 80, estabelecem um **conceito ampliado de refugiado para América Latina** através da Declaração de Cartagena sobre os Refugiados (1984), ou simplesmente Declaração de Cartagena. A Declaração foi celebrada no "Colóquio sobre Proteção Internacional dos Refugiados na América Central, México e Panamá: Problemas Jurídicos e Humanitários" e está dividida em compromissos, conclusões e recomendações.

O conceito ampliado de refugiado para América Latina está descrito na terceira conclusão da Declaração de Cartagena:

> *Terceira - Reiterar que, face à experiência adquirida pela afluência em massa de refugiados na América Central, se torna necessário encarar a extensão do conceito de refugiado tendo em conta, no que é pertinente, e de acordo com as características da situação existente na região, o previsto na Convenção da OUA (artigo 1., parágrafo 2) e a doutrina utilizada nos relatórios da Comissão Interamericana dos Direitos Humanos. Deste modo, a definição ou o conceito de refugiado recomendável para sua utilização na região é o que, além de conter os elementos da Convenção de 1951 e do Protocolo de 1967, considere também como refugiados as pessoas que tenham fugido dos seus países porque a sua vida, segurança ou liberdade tenham sido ameaçadas pela violência generalizada, a agressão estrangeira, os conflitos internos, a violação maciça dos direitos humanos ou outras circunstâncias que tenham perturbado gravemente a ordem pública.*

Assim, o conceito de refugiado para Declaração de Cartagena, além do "fundado temor de perseguição", também é considerado refugiado quem tenham fugido de seu país por motivos de **violência generalizada, agressão estrangeira, conflitos internos, violação maciça dos direitos humanos ou outras circunstâncias que tenham perturbado gravemente a ordem pública tiveram sua vida, segurança e liberdade ameaçadas**.

No entanto, diferente do conceito universal e africano de refugiados, o conceito estabelecido na **Declaração de Cartagena** não tem previsão em um tratado e tampouco foi estabelecido no seio de uma organização internacional. Neste sentido, Declaração de Cartagena é uma norma de *soft law*, que congrega a vontade da comunidade latino-americana em solucionar de forma comum os problemas dos refugiados. Em que pese a ausência de força jurídica obrigatória, a questão dos refugiados tem sido permanentemente atualizada por meio de soluções adaptadas às constantes mudanças de um mundo globalizado e com diversos problemas transnacionais.

Assim, sua natureza jurídica de norma não obrigatória, *derecho blando* ou *soft law*, não lhe retira a eficácia e a capacidade de lidar com os problemas dos refugiados na região. Ao contrário, tem permitido uma evolução no tratamento do tema, não encontrando no sistema onusiano

Lei nº 9.474, de 22 de julho de 1997

Art. 1º

e africano de proteção aos refugiados, o que pode ser demonstrado pelas diversas declarações e planos de ação que se seguiram.

Dentre tais documentos, destaca-se aqueles estabelecidos nas conferências que celebram o aniversário da Declaração de Cartagena, são eles: (i) **"Cartagena + 10"** ou Declaração de São José sobre Refugiados e Pessoas Deslocadas (1994); (ii) **"Cartagena +20"** ou Declaração e Plano de Ação do México para Fortalecer a Proteção Internacional dos Refugiados na América Latina (2004); e (iii) "Cartagena + 30" ou Declaração e Plano de Ação do Brasil.

No que tange à **"Cartagena + 30"** ou Declaração e Plano de Ação do Brasil, o evento ocorreu entre os 2 e 3 de dezembro de 2014, quando estados da América Latina e do Caribe estiveram reunidos em Brasília para comemorar os 30 anos da Declaração de Cartagena sobre os Refugiados. A conferência finalizou um ciclo de reuniões sub-regionais realizadas no MERCOSUL, Países Andinos, América Central e Caribe, ocorridas durante o ano, algo que não tinha acontecido nos eventos anteriores da "Cartagena +".

Portanto, a "Cartagena +30" constitui um processo estratégico e comemorativo dos trinta anos da Declaração de Cartagena, visando o debate e a apresentação de planos de trabalho sobre os problemas atuais e futuros da questão dos refugiados nas Américas. Sendo que ao fim do encontro, foi adotada a Declaração e o **Plano de Ação do Brasil**, importante documento de cooperação e solidariedade regional, visando o fortalecimento da proteção internacional das pessoas refugiadas, deslocadas internas e apátridas na região.

O plano está dividido em oito capítulos e onze programas estratégicos, que serão implementados pelos países na próxima década. Seus onze programas estratégicos são divididos em temas-chave na proteção e promoção dos direitos dos refugiados e baseados no dever de cooperação entre os Estados. Além disso, alguns temas previstos no Plano do México foram ampliados, tais como: "Fronteiras Solidárias e Seguras", "Integração Local", "Reassentamento Solidário" e "Prevenção". E outros foram incluídos como: "Asilo de Qualidade", "Repatriação Voluntária", "Mobilidade Laboral", "Observatório de Direitos Humanos para o Deslocamento", "Trânsito Digno e Seguro" e "Solidariedade Regional com o Caribe".

A conclusão mais importante extraída da Declaração de Cartagena e dos seus Planos de Ação é a **visão integrada do direito internacio-**

43

nal dos refugiados com o direito internacional humanitário e o direito internacional dos direitos humanos, levando-se em conta não somente a perseguição, mas também a impossibilidade ou as dificuldades de se viver em um país assolado pela violação grave e sistemática dos direitos humanos.

Neste mesmo diapasão, encontra-se a **Lei nº 9.474/1997**, norma brasileira que define os mecanismos para a implementação do Estatuto dos Refugiados de 1951, e determina outras providências, também conhecida como **Lei do Estatuto dos Refugiados**, estabelecendo um **conceito ampliado de refugiado no Brasil** inspirado na experiência latino-americana da Declaração de Cartagena e dos seus Planos de Ação e documentos posteriores.

Então, pode-se dizer que o conceito ampliado de refugiado é resultado do **conceito clássico**: *"fundado temor de perseguição por motivos de raça, religião, nacionalidade, grupo social ou opiniões políticas"* (conceito universal, africano, latino-americano e interno de refugiado); e dos **conceitos ampliados**: *"agressão, ocupação externa, dominação estrangeira ou a acontecimentos que perturbem gravemente a ordem pública"* (conceito africano de refugiado), *"violência generalizada, a agressão estrangeira, os conflitos internos, a violação maciça dos direitos humanos ou outras circunstâncias que tenham perturbado gravemente a ordem pública"* (conceito latino-americano de refugiado), ou *"devido a grave e generalizada violação de direitos humanos, é obrigado a deixar seu país de nacionalidade para buscar refúgio em outro país"* (conceito interno de refugiado).

Por fim, destaca-se que o **sistema global de proteção dos refugiados** possui dois aspectos: um, de ordem (i) **institucional**, através do ACNUR e sua rede de trabalho; e outro, de ordem (ii) **convencional**, através da "Convenção 1951" e do "Protocolo de 1969". Ressalta-se que a divisão conceitual entre os sistemas global e regional, africano e latino-americano somente está adstrita ao aspecto convencional, já que o ACNUR tem ampla atuação em todo globo.

Assim, diferentemente do que se poderia pensar, a atuação do ACNUR na América Latina ou na África não sofreu qualquer limitação pelas experiências regionais. Ademais, não houve a criação de uma instituição regional, ao contrário buscou-se o fortalecimento da sua atuação, estreitando os laços com os países e demais mecanismos de governança global com a adoção conjunta de estratégias e medidas de cooperação e colaboração em prol de refugiados, apátridas e deslocados internos.

Lei nº 9.474, de 22 de julho de 1997

Art. 1º

DIPLOMA	CONCEITO
LEI DO ESTATUTO DOS REFUGIADOS	*Art. 1º Será reconhecido como refugiado todo indivíduo que:* *I - devido a* **[i] fundados temores de perseguição** *por* **motivos de raça, religião, nacionalidade, grupo social ou opiniões políticas** *encontre-se fora de seu país de nacionalidade e não possa ou não queira acolher-se à proteção de tal país;* *II - não tendo nacionalidade e estando fora do país onde antes teve sua residência habitual, não possa ou não queira regressar a ele, em função das circunstâncias descritas no inciso anterior;* *III - devido a* **[ii] grave e generalizada violação de direitos humanos**, *é obrigado a deixar seu país de nacionalidade para buscar refúgio em outro país.*
CONVENÇÃO 1951	*ARTIGO 1* *Definição do termo "refugiado":* *§1. Para os fins da presente Convenção, o termo "refugiado" se aplicará a qualquer pessoa:* *c) Que, ~~em conseqüência dos acontecimentos ocorridos antes de 1º de janeiro de 1951 e~~* **[i] temendo ser perseguida** *por* **motivos de raça, religião, nacionalidade, grupo social ou opiniões políticas**, *se encontra fora do país de sua nacionalidade e que não pode ou, em virtude desse temor, não quer valer-se da proteção desse país, ou que, se não tem nacionalidade e se encontra fora do país no qual tinha sua residência habitual ~~em conseqüência de tais acontecimentos~~, não pode ou, devido ao referido temor, não quer voltar a ele*
DECLARAÇÃO DE CARTAGENA	*Capítulo Terceiro. (...) Deste modo, a definição ou o conceito de refugiado recomendável para sua utilização na região é o que,* **[i] além de conter os elementos da Convenção de 1951 e do Protocolo de 1967**, *considere também como refugiados as pessoas que tenham fugido dos seus países porque a sua* **[ii] vida, segurança ou liberdade tenham sido ameaçadas pela violência generalizada, a agressão estrangeira, os conflitos internos, a violação maciça dos direitos humanos ou outras circunstâncias que tenham perturbado gravemente a ordem pública**

45

CONVENÇÃO DE ADIS-ABEBA	*Artigo I. Definição do termo Refugiado* *1 - Para fins da presente Convenção, o termo refugiado aplica-se a qualquer pessoa que,* **[i]** ***receando com razão, ser perseguida*** *em* ***virtude da sua raça, religião, nacionalidade, filiação em certo grupo social ou das suas opiniões políticas,*** *se encontra fora do país da sua nacionalidade e não possa, ou em virtude daquele receio, não queira requerer a proteção daquele país; ou que, se não tiver nacionalidade e estiver fora do país da sua anterior residência habitual após aqueles acontecimentos, não possa ou, em virtude desse receio, não queira lá voltar.* *2 - O termo refugiado aplica-se também a qualquer pessoa que,* **[ii]** ***devido a uma agressão, ocupação externa, dominação estrangeira ou a acontecimentos que perturbem gravemente a ordem pública numa parte ou na totalidade do seu país*** *de origem ou do país de que tem nacionalidade, seja obrigada a deixar o lugar da residência habitual para procurar refúgio noutro lugar fora do seu país de origem ou de nacionalidade.*

3. Conceito interno de refugiado (Lei nº 9.474)

3.1. Fundado temor de perseguição

O conceito de refugiado é um dos temas mais relevantes para cobrança sobre o assunto em provas de concurso. Isto se deve especialmente na dúvida gerada pelos diversos conceitos existentes (global, regionais e internos) e a diferenciação em relação a outros institutos de proteção como o asilo, a apatridia, o visto humanitário e os deslocados internos (institutos que serão abordados isoladamente no decorrer deste livro).

O **conceito legal ou interno de refugiado** foi estabelecido com base no conceito global ou universal do Estatuto dos Refugiados, previsto na Convenção Relativa ao Estatuto dos Refugiados de 1951, que apesar da sua intrincada redação pode ser extraído da seguinte forma:

> *Que, em conseqüência dos acontecimentos ocorridos antes de 1º de janeiro de 1951 e* ***temendo ser perseguida por motivos de raça, religião, nacionalidade, grupo social ou opiniões políticas****, se encontra fora do país de sua nacionalidade e que não pode ou, em virtude desse temor, não quer valer-se da proteção desse país, ou que, se não tem nacionalidade e se encontra fora do país no qual tinha sua residência habitual em conseqüência de tais*

Lei nº 9.474, de 22 de julho de 1997

Art. 1º

acontecimentos, não pode ou, devido ao referido temor, não quer voltar a ele.

Desta maneira, considera-se refugiado para o tratado internacional, a pessoa que temendo ser perseguida por motivos de raça, religião, nacionalidade, grupo social ou opiniões políticas em seu próprio país de nacionalidade busca proteção através do refúgio em outro país, ao qual não tem nacionalidade.

▶ **Aplicação em concurso**

- *Defensor Público Substituto – DPE-SC (FCC)*

    "O refugiado também é aquele que não quer voltar a seu país em virtude de fundado temor de perseguição."

    Obs.: a alternativa está correta.

O conceito de refugiado é extraído a partir do **fundado temor de perseguição,** que consiste em atos materiais praticados pelo estado ou por grupos fora do controle do estado, que causam o deslocamento forçado, genocídio, assassinatos em série, censura política ou de opinião, condenações e leis arbitrárias ou discriminatórias, regimes de exclusão, etc. Além disso, a perseguição leva em conta uma característica específica da pessoa que pede refúgio, geralmente porque pertence a uma minoria ou grupo perseguido ou estigmatizado pela maioria nacional.

Portanto, o refugiado é toda pessoa que foge do seu país, em razão do fundado temor de perseguição ou pela própria perseguição sofrida, pelo simples fato de pertencer a um grupo racial, religioso, nacional, étnico, social ou por suas opiniões políticas. Para fins didáticos e compreensão da matéria para às provas de concurso, será estudado cada um dos grupos vítimas da perseguição odiosa e, desta maneira, que podem se qualificar como refugiados quando cruzam a fronteira internacional de um estado.

3.2. Por motivo étnico-racial

O termo raça corresponde a uma classificação ultrapassada, pois o termo mais adequado seria etnia, desde que corresponda a uma etnia que era anteriormente considerada como "raça" e representem um grupo perseguido em determinado país, como vem destacando o ACNUR em seus manuais.

▶ **Aplicação em concurso**

- *Defensor Público Federal – DPU (CESPE) – 2010*

    "Considere que Melchior, devido a fundado temor de perseguição por motivo de raça, se encontre fora de seu país de nacionalidade e que,

> tendo ingressado no Brasil, se tenha dirigido à Defensoria Pública e indagado acerca da possibilidade de permanência no país, em condição de asilo. Nesse caso, é correto que o defensor público recomende a Melchior que requeira refúgio, com base na lei que normatiza o assunto."
>
> *Obs.: a alternativa está correta.*

Destaca-se, como regra, que o termo raça deve ser abolido para designar **grupos de pessoas que se diferenciam na sociedade por meio de fenótipos**. Isto se deve em grande parte ao fato da evolução genética ter demonstrado que o ser humano não possui espécies, assim não se divide em raças. Os seres humanos se diferenciam por meio do material genético, representando a cor da pele ou o formato dos olhos uma expressão daquele componente determinante de proteínas.

Contudo, como exceção, o temo "raça" vem sendo adequadamente empregado pelas ciências sociais para **identificar padrões de comportamento social**, em geral discriminatório e estigmatizante, em relação a pessoas que pertencem a determinado grupo com fenótipo semelhante (ex. negros). O conceito de "raça", antes impregnado pelos conceitos naturalista e evolucionista, serve como ferramenta para identificar grupos classificados culturalmente ao longo do tempo como "raça", e a partir disso, a criação de políticas de proteção e promoção dentro da própria sociedade a favor de grupos discriminados e estigmatizados em razão deste conceito.

Em síntese, apesar da ausência de diferenças biológicas que conduzem à existência de raças ou espécies humanas, a realidade social nos mostra que a sociedade cria o termo "raça" e os emprega para identificar e discriminar pessoas. Desta forma, não existe "raça", mas um grupo étnico assim (e equivocadamente) classificado, na maioria das vezes surgido exatamente a partir da determinação histórica da invenção do termo.

É sob este enfoque que o termo raça deve ser compreendido em relação à questão dos refugiados, um grupo étnico-racial minoritário perseguido. Ressalta-se que o termo **etnia** passou a ser empregado nos estudos antropológicos a partir dos anos 60, designando grupos dotados de características culturais próprias – língua, religião, elementos culturais etc. – que os diferenciam de outros grupos existentes em determinada sociedade[29].

---

29. ERIKSEN, Thomas Hylland. Ethnicity and nationalism: anthropological perspectives. Londres, Inglaterra: Pluto, 2010. E-book Kindle, pos. 286-371. Muito embora a

Lei nº 9.474, de 22 de julho de 1997

Art. 1º

Dentro do mundo jurídico, o termo etnia vem sendo empregado para identificar grupos minoritários, reconhecendo direitos específicos para sua proteção e promoção dentro da sociedade. Não que grupos majoritários também não sejam etnias, porém, as minorias demandam direitos – "luta por direitos" – para assegurar igualdade material e o exercício de práticas culturais destoantes do padrão hegemônico refletido nas leis que regulam as relações sociais dentro do estado (ex. casamento civil e "casamento" yanomami).

Desta forma, é importante compreender o conceito de **grupo minoritário,** deve se levar em conta a sociedade na qual está inserido, onde os seus integrantes se diferenciam da cultura hegemônica do grupo majoritário. Trata-se de uma **questão relacional**, ou seja, para se encontrar uma minoria, deve se compreender a maioria dentro de determinado estado ou comunidade. E também como uma **questão de transitoriedade**, assim por ex. uma maioria pode ser minoria quando migra para outro país ou quando determinado grupo político ascende ao poder.

Desta forma, apesar do termo ter se originado do aspecto quantitativo de determinados grupos, atualmente o termo minoria deve ser interpretado a partir de uma **perspectiva qualitativa**, relacionando a minoria ou minorias a todos os grupos que de alguma maneira não se enquadram no padrão cultural hegemônico reinante em determinada sociedade.

Como exemplo do que se está falando, podemos usar o Brasil. Por ex., os negros, ao menos no conceito utilizado pelo Estatuto da Desigualdade Social, que inclui negros e pardos, compreendem uma "minoria negra" no Brasil, também chamados de afrodescendentes correspondem a um contingente muito maior de pessoas do que os brancos.

No entanto, os negros não dispõem em termo qualitativos do mesmo acesso à educação, saúde, moradia, terra, cargos políticos etc. dos brancos, uma discriminação injusta causada por anos de ausência de políticas públicas nas áreas urbanas e rurais marginalizadas, que foram ocupadas pelos negros durante e após o fim da escravidão como alterativa emancipatória em relação ao modelo de liberdade e propriedade.

Agora imaginem que ao invés de uma política de ações afirmativas para reduzir a discriminação injusta de tantos anos, o Brasil criasse uma política de perseguição "racial" aos negros. Neste caso, estaríamos diante

---

palavra seja antiga, o termo foi empregado pela primeira vez em 1953, nos estudos do sociólogo David Riesmam.

da possibilidade de pedido de refúgio em outros países por motivo de perseguição étnico-racial.

No entanto, nos dias de hoje, o refúgio dificilmente terá como motivo a "perseguição racial", isto porque, o emprego do termo etnia destacando a questão nacional e religiosa, respectivamente, étnico-nacional e étnico--religioso abarca a maioria dos casos envolvendo o refúgio.

E ainda existe a possibilidade residual de qualificar o refugiado como grupo social correspondente a determinada etnia. Neste caso, sendo a questão cultural a característica mais marcante do grupo, em vez da religião ou de ser considerado uma nação. Como exemplo temos as comunidades negras rurais (quilombolas) colombianas expulsas de suas terras coletivas durante a guerra civil colombiana[30].

3.3. Por motivo religioso

São pessoas com fundado temor de perseguição por professam determinada fé, um exemplo típico são os católicos libaneses ou maronitas (em grande parte composto por árabes católicos), que fugiram para o Brasil durante a guerra civil naquele país, e agora, mais recentemente grupos xiitas, católicos e yazidi em relação às ações do Estado Islâmico (ISIS) nas regiões controladas na Síria e no Iraque.

3.4. Por motivo de nacionalidade

A **nacionalidade** é o vínculo político que liga pessoas em relação a um determinado estado ou mais de um estado (dupla e plurinacionalidade). A nacionalidade e o nacionalismo surgiram, basicamente, a partir da Revolução Francesa impregnando o Estado Moderno e configurando um novo modelo de estado, o Estado-Nação. O caráter expansionista e científico da modernidade e do Estado nacional fizeram com que não existisse um território no mundo que não correspondesse a uma nação.

---

30. A situação envolvendo comunidades negras tradicionais - no Brasil agrupadas sob a denominação quilombola - e os conflitos armados na Colômbia, resultou em diversos casos perante à Corte Interamericana de Direitos Humanos, por todos, o Caso Comunidades Afrodescendentes do Rio Cacarica vs. Colômbia. Ressalta-se que o caso se tratava de deslocamento interno, pois as comunidades negras tradicionais não atravessaram uma fronteira internacional. No entanto, adaptamos o caso ao nosso exemplo, pois caso tivessem atravessado uma fronteira internacional em razão do fundado temor de perseguição por serem quilombolas, ou seja, pertencerem a um grupo social ou étnico que tem como marca característica não uma religião ou nacionalidade, mas um traço cultural, fariam jus à concessão do refúgio.

Ocorre, que diferentemente do imaginado, as "nações únicas" nunca realmente existiram, trata-se uma criação para dar homogeneidade a grupos distintos dentre de um mesmo estado, o que pode ser resumido na feliz expressão "comunidades imaginadas" de Benedict Anderson[31]. Assim, dentro de um mesmo estado podem coexistir diversas comunidades a qual podem ser caracterizadas como nação. Um exemplo de nação perseguida são os curdos na Turquia ou os judeus durante a segunda guerra mundial.

3.5. Por motivos de pertencer a um grupo social

A expressão grupo social trata-se de acepção ampla que por exclusão não engloba um grupo racial, nacional ou religioso perseguido (muito embora podem ser qualificados também como grupo social). O que leva alguns autores a chamar esta hipótese de **"cláusula de abertura"**, algo rechaçado pela maioria dos países ao analisar os pedidos de refúgio, que em sua grande maioria utilizam uma interpretação restritiva do conceito de refugiado, a fim de atender aos reclames nacionalistas da população e ainda baseadas numa ideia ultrapassada de soberania.

Para ilustrar esta intepretação restritiva, André de Carvalho Ramos[32] menciona o *Caso Ward*, julgado pela Suprema Corte canadense. Neste *case*, um antigo membro do IRA, conhecido grupo paramilitar da Irlanda do Norte, solicita refúgio no Canadá sob o fundado temor de perseguição por pertencer a um grupo social perseguido pelo governo do Reino Unido. Na decisão, foi considerado que o "termo 'grupo social' não pode servir para 'remediar' eventual não aplicação das demais categorias (raça, opinião política, religião, e nacionalidade)"[33].

No intuito de dar alcance ao conceito, o **ACNUR sustenta que grupo social** "significa um grupo de pessoas que compartilha características que o distingue da sociedade em geral. Essas características devem ser inatas, impossíveis de serem modificadas ou ainda ser inaceitável requerer que alguém assim o proceda"[34].

---

31. ANDERSON, Benedict R. Comunidades imaginadas: reflexões sobre a origem e a difusão do nacionalismo. 4ª reimp.. São Paulo: Companhia das Letras, 2008, p. 32.
32. RAMOS, André de Carvalho. Teoria geral dos direitos humanos na ordem internacional. São Paulo: Saraiva, 2016, p. 90.
33. RAMOS, André de Carvalho. Teoria geral dos direitos humanos na ordem internacional. São Paulo: Saraiva, 2016, p. 91.
34. RAMOS, André de Carvalho. Teoria geral dos direitos humanos na ordem internacional. São Paulo: Saraiva, 2016, p. 93.

Art. 1º

ESTATUTO DOS REFUGIADOS – *Eduardo Paredes*

A partir deste conceito do ACNUR, podemos estabelecer dois importantes grupos, que em diversos países são vítimas de perseguição, as **mulheres e pessoas GLBTQI**. Assim, a discriminação por gênero, orientação sexual, transexualidade ou maneira de se relacionar com o corpo ou expressar sua sexualidade pode ensejar o direito ao refúgio, consagrando no direito internacional dos refugiados o direito à diversidade sexual, liberdade de orientação sexual e a transexualidade. Como ilustração, a ONU aponta que em 80 países existe criminalização da "homossexualidade"[35], inclusive alguns deles, aplicando a pena de morte, como em Uganda.

Quanto às mulheres, não é difícil imaginar casos de mulheres perseguidas em teocracias muçulmanas radicais, pela família e o estado, após a prática do adultério. Enfim, são inúmeras as hipóteses em um mundo recheado de desigualdades e preconceitos. Um caso importante e também mencionado por André de Carvalho Ramos[36] é o *Caso Kasinga*, em que Fauziya Kasinga, cidadã togolesa, pede refúgio nos Estados Unidos da América (EUA) para fugir da prática da mutilação genital feminina (clitoridectomia) praticada em sua tribo. O argumento de pertencer a um grupo social foi aceito no caso.

De qualquer forma, para fazer jus ao refúgio como "grupo social" deve o grupo apresentar **definitividade**, não pode ser um vínculo transitório que une as pessoas, já que é uma característica marcante das outras hipóteses – raça, nacionalidade e religião, e, deste modo, não poderia deixar de estar presente nesta.

O que segundo a maioria dos autores deve revelar um traço da identidade. Desta maneira, uma **questão de identidade** – étnica, nacional, religiosa, e aqui social (ex. gênero e opção sexual) aliada a perseguição ou discriminação odiosa por possuir tal identidade, é o que caracteriza o refugiado por pertencer a um grupo social.

No entanto, a identidade não pode ser considerada como algo imutável, na qual discorda-se deste autores que assim o entendem. Os estudos antropológicos mais recentes da antropologia pós-moderna, como os encontrados em Fedrik Barth, concebem a ideia de **"fronteiras étnicas"**, onde a identidade de determinado grupos está em constante alteração na medida em que se relaciona com outros grupos e novas tecnologias.

---

35. Disponível em: http://www.unmultimedia.org/radio/portuguese/2016/02/onu-divulga-mapa-interativo-sobre-criminalizacao-dos-homossexuais/#.WWd-R4grLIU. Acesso em 22. set. 2017.
36. RAMOS, André de Carvalho. Teoria geral dos direitos humanos na ordem internacional. São Paulo: Saraiva, 2016, p. 94.

Lei nº 9.474, de 22 de julho de 1997

Art. 1º

Assim, imobilizar pessoas e grupos ao passado não leva ao pleno reconhecimento ou emancipação, ao contrário, conduz a uma assimilação forçada pelos valores reinantes em determinada sociedade. De qualquer forma, o tema extravasa a discussão deste livro, ficamos aqui com o **critério da imutabilidade**, pois é o adotado pelo **ACNUR**.

Por fim, um caso interessante também trazido por André de Carvalho Ramos[37] envolve **chineses e a política familiar do "filho único"**. Neste assunto, o ACNUR, EUA, Canadá e Austrália já se manifestaram de forma contrária a concessão do refúgio, sob o argumento de que as políticas de planejamento familiar não constituem fundado temor de perseguição, pois não se direcionam a um grupo específico, mas a toda a sociedade.

Desta maneira, não basta apontar o fundado temor de perseguição (neste caso, ter mais de um filho), mas também deve ser demonstrado um **elemento comum que uma as pessoas em um grupo particular** e que as diferencie em determinada sociedade, ou seja, é necessário a existência do grupo, independentemente da perseguição odiosa e não o seu surgimento a partir da perseguição.

Entretanto, discordo parcialmente deste ponto de vista do ACNUR, EUA, Canadá e Austrália. Realmente o simples fato de morar em um país com "eugenia abortista" não pode dar causa ao refúgio, porque na maioria deles existem exceções na legislação, abrindo a possibilidade por ex. para o pagamento de multa.

Olhando por outro ângulo, a legislação permite que chineses de famílias ricas possam ter mais filhos, porque podem pagar as onerosas multas, porém, os chineses pobres não podem pagá-la. Então, pode-se dizer que os chineses pobres têm um elemento comum, que é a sujeição à perseguição oriunda dessa política eugênica, sem exceções, podendo ser compreendido como um grupo social perseguido na China e fazer jus ao status de refugiado.

3.6. Por motivo de opinião política

O refúgio por opinião política está umbilicalmente ligado ao **regime democrático e o exercício da liberdade de expressão**, especialmente no que tange a manifestação da opinião política, tanto no âmbito individual, quanto no âmbito coletivo (através da imprensa em suas mais variadas formas).

---

37. RAMOS, André de Carvalho. Teoria geral dos direitos humanos na ordem internacional. São Paulo: Saraiva, 2016, p. 93.

Art. 1º

A perseguição política não necessariamente envolve políticos ou integrantes de partidos, mas também jornalistas, ativistas de direitos humanos, sindicalistas, integrantes de movimentos sociais, etc. Exemplos atuais são observados nos refugiados venezuelanos contrários ao chavismo do Presidente Maduro, ativistas da "causa curda" na Turquia.

Neste ponto, o **refúgio se aproxima do instituto do asilo político**, mas a "opinião política" aqui tem acepção mais ampla, porque não envolve necessariamente quem está em busca ou estava no poder, mas qualquer pessoa ou grupo de pessoas que por expressar opinião política contrária passa a sofrer perseguição.

▶ **Aplicação em concurso**

- *Juiz Federal Substituto – TRF 2ª Região - 2014*

  I - O refúgio é medida inspirada em razões humanitárias, de natureza administrativa, cuja concessão é disciplinada em lei, de natureza vinculada, e se destina a proteger pessoas vítimas de perseguição por pertencerem a determinado grupo, seja étnico, religioso, nacional, ou de opiniões políticas, entre outros.

  II - O asilo é medida política, de natureza discricionária, e alberga quem sofra perseguição individual, e está referido na Constituição da República Federativa do Brasil.

  Obs.: ambas as alternativas estão corretas.

Assim, o **refúgio por fundado temor de perseguição por opinião política não pode ser confundido com o asilo político**, apesar da linha tênue que separa os dois institutos, conforme pode ser demonstrado no quadro abaixo:

CARACTERÍSTICAS DO INSTITUTO	REFÚGIO POR OPINIÃO POLÍTICA	ASILO POLÍTICO
ALCANCE	UNIVERSAL	REGIONAL
ÂMBITO DE PROTEÇÃO	Individual, mas que pode ser caracterizado por questões de âmbito COLETIVO (ex. integrantes do Partido Verde) *Ressalva-se que em uma prova objetiva deve ser marcada a opção coletivo em vez de individual. Muito embora não seja técnico, a maioria da doutrina utiliza esta característica para diferenciar o refúgio do asilo.	INDIVIDUAL, exclusivamente, não podendo ser caracterizado por questões de âmbito coletivo (ex. presidente do Partido Verde)

Lei nº 9.474, de 22 de julho de 1997

Art. 1º

PERSEGUIÇÃO	FUNDADO TEMOR	EFETIVA
NATUREZA DA DE-CISÃO	DECLARATÓRIA	CONSTITUTIVA
NATUREZA JURÍ-DICA	ATO VINCULADO *Alguns autores defendem que se trata de um ato discricionário (jurídico). No entanto, no *Caso Cesare Battisti* o STF manifestou o entendimento de que se trata de ato vinculado. Não existe fundamento para defender que se trata de um ato discricionário político.	ATO DISCRICIONÁRIO *Alguns autores defendem a discricionariedade política, contudo, existem tratados assinados sobre o tema, além de se tratar de um costume regional consolidado. Desta forma, a melhor compreensão é de que é um ato de discricionariedade jurídica.
LOCAL DO ASILO	TERRITÓRIO ESTRANGEIRO	Pode ser: (i) TERRITÓRIO DO PRÓPRIO PAÍS (Embaixada de outro País), (ii) AERONAVE, NAVIO DE GUERRA OU ACAMPAMENTO MILITAR; (iii) TERRITÓRIO ESTRANGEIRO

No que tange à importante **diferenciação entre o refúgio e o asilo político através da distinção entre ato discricionário de caráter jurídico e de caráter político**, ressalta-se que a jurisprudência do **STF no *Caso Cesare Battisti* entendeu que o refúgio é ato vinculado**, uma vez que envolve conceitos jurídicos indeterminados, cláusulas de inclusão, exclusão, cessação etc., densificados pelo aplicador do instituto dentro das balizas normativas existentes.

Na **prova objetiva**, o candidato deve ter atenção quando a questão define o refúgio como ato vinculado ou discricionário. Se a assertiva mencionar a jurisprudência do STF, não pairam dúvidas que deve marcar ato vinculado, porém, se a questão é mais aberta e em observância as demais assertivas, o candidato precisa ter mais atenção. Isto ocorreu em pelo menos três concursos de Juiz Federal Substituto, em 2016, no TRF 3ª Região, a assertiva considerou a concessão do refúgio ato discricionário, e em 2014, no concurso TRF 2ª Região e 4ª Região, as bancas consideraram a concessão do refúgio ato vinculado, na mesma linha da jurisprudência do STF.

ESTATUTO DOS REFUGIADOS – *Eduardo Paredes*

Em uma **prova discursiva ou em uma peça ou sentença**, o candidato deve demonstra o conhecimento das duas posições e argumentar que o mais importante não é a classificação ou definição do ato de concessão em si, mas o direito do ser humano ao refúgio, uma vez preenchidos os requisitos legais, ou por melhor dizer, observada as cláusulas de inclusão, exclusão e cessação, o refúgio deve ser concedido. De qualquer forma, a posição do STF deve conduzir o candidato a um porto seguro.

3.7. Asilo político e a América Latina

Na América Latina o direito de asilo começou a despertar atenção como regime protetivo no século XIX. No Primeiro Congresso Sul-Americano de Direito Internacional Privado foi celebrado o Tratado sobre Direito Penal Internacional, que previa em seu bojo normas referentes ao asilo relacionando-o às regras sobre extradição e delitos políticos. Fischel de Andrade explica que "numa época em que se lutava pela independência de alguns estados latino-americanos e pela consolidação da democracia em outros"[38] a sua importância foi tamanha, já que a "troca de cadeiras" e a perseguição política entre grupos rivais era frequente.

No século XX, quatro tratados sobre asilo político foram celebrados na região, constituindo junto com os dispositivos legais e regulamentares sobre o tema, a normativa do asilo em nosso país:

(i) **Convenção sobre Asilo (1928)**, em Havana, aprovada na Sexta Conferência Internacional Americana, prevendo a concessão de asilo extraterritorial em embaixadas (asilo diplomático) e em navios de guerra, acampamentos ou aeronaves militares, além da figura do salvo-conduto, medida que pode ser concedida pelo país do nacional objetivando sua saída imediata para o asilo territorial;

(ii) **Convenção sobre Asilo (1933)**, em Montevidéu, por ocasião da Sétima Conferencia Internacional Americana, substituindo o art. 1º da Convenção de Havana, acrescentando, dentre outras disposições, a qualificação do delito político, realizada pelo estado-asilante, e o reconhecimento de que o asilo político é um instituto "humanitário" (em termos atuais, de direitos humanos), assim não exigindo reciprocidade entre os estados. Muito importante tal consagração, porque reconhece como um direito da pessoa humana;

---

38. ANDRADE, José H. Fischel de. *Direito internacional dos refugiados: evolução histórica (1921-1952)*. Rio de Janeiro: Renovar, 1996.

Lei n° 9.474, de 22 de julho de 1997

Art. 1°

(iii)Tratado sobre Asilo e Refúgio Político de Montevidéu (1939), cria uma nomenclatura: asilo para asilo diplomático e refúgio para asilo territorial, sem continuidade na convenção seguinte, em Caracas, 1954. Basicamente, prevê normas que constavam na Convenção de Montevidéu (1933) e as que constariam na Convenção de Caracas (1954);

(iv)Convenção sobre Asilo Territorial (1954), em Caracas, celebrada na 10ª Conferência Interamericana, diferente das convenções anteriores que previam o asilo extraterritorial, mais especifi-camente o diplomático, este tratado prevê o instituto do asilo territorial, que ocorre no próprio território do estado-asilante, deixando o seu país por uma perseguição baseada em motivos políticos, portanto, cruzado uma fronteira internacional, da mesma maneira como se dá no refúgio. A convenção prevê o princípio da não devolução e do ingresso irregular, deixando de aplicar sanções neste caso. O instituto do asilo territorial se aproxima do refúgio, entretanto, o refúgio tem um regime de proteção global e mais amplo que o asilo territorial, envolvendo casos de perseguição além da opinião política para abranger a raça, religião, nacionalidade e grupo social, sem contar o conceito ampliado interamericano e africano.

Ainda, podemos citar no ambiente onusiano, uma norma de *soft law*, a **Declaração sobre Asilo Territorial de 1967**, que traz importantes previ-sões, tais como:

(a) Concebe o direito de asilo fundamentando-o no art. 14 da Decla-ração Universal de Direitos Humanos, portanto dentro do direito internacional dos direitos humanos;

(b) Reconhece o exercício do direito de asilo como uma garantia da comunidade internacional;

(c) Assegura o direito de buscar asilo para pessoas que lutam contra o colonialismo;

(d) Prevê a exclusão do conceito de asilado para aqueles que come-teram crimes contra a humanidade, ou os chamados crimes de *jus cogens*, contrários aos princípios da ONU e da comunidade internacional;

(e) E, consagra o princípio da não devolução, excepcionando-o quando exista "motivos fundamentais de segurança nacional", ou ainda, para "salvaguardar a população, como no caso de uma

57

afluência em massa de pessoas", o que permitiria a perversa "expulsão em massa", hoje rechaçada pela ONU e pela comunidade internacional, que vem encontrando solução complementar através do visto humanitário para estes casos de fluxo em massa de pessoas, que não se enquadram na condição de refugiados ou asilado político em uma análise individual ou caso-a-caso.

Na recente **Lei de Migração**, o asilo político encontra-se previsto no art. 27 e ss., dentre outras disposições:

> *Art. 27. O asilo político, que constitui ato discricionário do Estado, poderá ser diplomático ou territorial e será outorgado como instrumento de proteção à pessoa.*
>
> *Parágrafo único. Regulamento disporá sobre as condições para a concessão e a manutenção de asilo.*
>
> *Art. 28. Não se concederá asilo a quem tenha cometido crime de genocídio, crime contra a humanidade, crime de guerra ou crime de agressão, nos termos do Estatuto de Roma do Tribunal Penal Internacional, de 1998, promulgado pelo Decreto no 4.388, de 25 de setembro de 2002.*
>
> *Art. 29. A saída do asilado do País sem prévia comunicação implica renúncia ao asilo.*

Além da previsão em normas formais, o asilo político é considerado um **costume internacional regional**, com peculiaridades próprias para atender a realidade política da região, como a criação do asilo diplomático, onde o asilo se dá na embaixada pertencente ao país onde se busca a proteção, mas que fica incrustada no território do país onde ocorre a perseguição política. Após a acolhida na embaixada, recebe um salvo-conduto do estado que o persegue para que o asilado saia do país e busque o asilo territorial. Neste ponto, o asilo deixa de ocorrer na embaixada para se operar no próprio território do estado-asilante.

Assim, o asilo político ocorre quando uma pessoa perseguida por motivos políticos, seja pela prática de um crime de opinião, seja pela simples manifestação contrária ao governo ou por questões ideológicas, e quase sempre envolvendo figuras políticas, partidárias, sindicais ou outros formadores de opinião, como jornalistas, radialistas, periodistas ou, em termos mais recentes, blogueiros.

O perseguido pode buscar proteção em uma embaixada de um país estrangeiro (**asilo diplomático**) ou diretamente no território deste estado (**asilo territorial**).

Lei nº 9.474, de 22 de julho de 1997

Art. 1º

Alguns casos célebres podem ilustrar a questão do asilo político no Brasil e na América Latina. O *Caso de Haya de La Torre* (Colômbia vs. Peru) julgado pela Corte Internacional de Justiça (CIJ) merece menção. Em 1948, no Peru ocorreu uma revolta militar, tendo sido acusado o líder do partido político Aliança Popular Revolucionária Americana, Víctor Raúl Haya de la Torre, de ter iniciado a rebelião. Intimado a comparecer a uma junta militar criada especificamente para julgar tais crimes, Haya de La Torre buscou asilo diplomático na Embaixada da Colômbia na capital peruana, Lima, alegando perseguição política.

O embaixador colombiano anunciou a concessão do asilo ao Peru e requereu a expedição de salvo-conduto, permitindo que Haya de la Torre se deslocasse ao território colombiano para concessão de asilo territorial. No entanto, o governo peruano considerou indevida a qualificação como crime político e rechaçou a concessão de salvo-conduto. O impasse diplomático foi resolvido com um acordo para submeter o caso à CIJ.

Na Corte, basicamente, a discussão girou em torno da **qualificação unilateral de delitos políticos** pelo estado-asilante. Ressalta-se que a Convenção de Havana (1928) é omissa quanto a tal qualificação, somente recebendo previsão convencional com a Convenção de Montevidéu (1933), só que o Peru não ratificou tal convenção. Desta forma, a CIJ julgou que o asilo foi concedido indevidamente, porque a Colômbia havia qualificado unilateralmente e o Peru não havia se obrigado aos dispositivos da Convenção de Montevidéu, apesar do argumento colombiano de que a qualificação unilateral faz parte do costume regional do asilo diplomático.

Além disso, a Corte entendeu que como o asilo foi concedido indevidamente, o Peru não estava obrigado a dar o salvo-conduto para posterior concessão do asilo territorial. De qualquer forma, apesar da decisão da CIJ, a Colômbia se recusou a entregar Haya de la Torre, o que gerou uma nova demanda na Corte, desta vez sobre a obrigação de entrega do requerente de asilo.

A CIJ entendeu devida a não entrega de Haya de la Torra, uma vez que o Peru não tinha incluído no rol dos pedidos a entrega, mas somente a ilegalidade do asilo. Além disso, o crime praticado não correspondia a um crime comum, mas um crime político: rebelião militar. Por fim, a Corte entendeu que o asilo se encerrou com a data da primeira sentença, mas que não podia obrigar a Colômbia a entregar o cidadão peruano Haya de la Torre. A questão possivelmente seria solucionada de maneira distinta se o Peru já tivesse ratificado a Convenção de Montevidéu.

Outro caso emblemático submetido à CIJ sobre asilo diplomático, desta vez envolvendo o Brasil, é o *Caso Zelaya* (Honduras vs. Brasil). Em 2009, ocorreu um golpe militar em Honduras, depondo o então Presidente José Manuel Zelaya. Ao ser acordado pelos militares, ainda de pijama, foi levado diretamente para Costa Rica. Com apoio do presidente venezuelano Hugo Chávez rumou para Venezuela e de lá retornou para Honduras, mais especificamente para Embaixada do Brasil naquele país, local onde solicitou asilo.

Ocorre que nenhum pedido foi formalizado ao Brasil e também não foi solicitado o salvo-conduto para que gozasse de asilo territorial, fazendo com que o presidente deposto ficasse por quatro meses instalado na missão diplomática brasileira, em um dos maiores impasses internacionais. Neste meio tempo, o governo provisório em Honduras demandou o Brasil na CIJ. Com a mudança de direção de Honduras e novas eleições, Zelaya foi anistiado e deixou a Embaixada do Brasil em Tegucigalpa, capital daquele país. Logo depois, o novo governo em Honduras desiste do processo na CIJ, sem manifestação sobre o mérito do processo.

Um caso bem peculiar é o *Caso Senador Molina*, envolvendo o Senador boliviano Roger Pinto Molina, o Brasil e a Bolívia. A situação foi bem particular e envolveu altas autoridades do Itamaraty, inclusive levando à demissão do Chanceler brasileiro, Antonio Patriota.

Em 2012, o Senado Molina, um dos opositores do governo Evo Morales, dirigiu-se à Embaixada do Brasil em La Paz solicitando asilo diplomático. O Brasil concedeu o asilo diplomático ao Senador Molina e solicitou por diversas vezes o salvo-conduto ao governo boliviano para que recebesse o asilo territorial em solo brasileiro. No entanto, o salvo-conduto sempre foi negado, sob o argumento de que havia praticado crime comum (corrupção) e não delitos políticos, razão pela qual não havia perseguição indevida.

Em razão disso, após um ano na embaixada e um quadro de depressão, o Diplomata Eduardo Saboya, então Encarregado de Negócios na missão, e o Senador Molina, aproveitando-se do período de férias do Embaixador Marcel Fortuna Biato, fugiram para o Brasil no carro da missão diplomática, escoltados por fuzileiros navais brasileiros, cruzando a fronteira através da cidade pantaneira de Corumbá, no Mato Grosso do Sul.

No entanto, em solo brasileiro o Senador Molina optou pelo pedido de refúgio junto ao Comitê Nacional para os Refugiados (CONARE), ao invés do pedido de asilo territorial, o que demonstra mais uma vez a linha tênue que separa os dois institutos.

Lei nº 9.474, de 22 de julho de 1997

Art. 1º

Em agosto de 2015, o CONARE concede o refúgio em razão do fundado temor de perseguição por opinião política, atribuindo ao Senador Molina a condição de refugiado no Brasil e a proteção internacional através do Estatuto dos Refugiados. A decisão do CONARE foi duramente criticada pelo governo boliviano.

3.8. Refúgio e a apatridia

O apátrida é a pessoa não possui nacionalidade. A **apatridia** é um fenômeno que ocorre por vários motivos, desde o fim de determinado estado, sem uma regra de sucessão para os seus nacionais, até situações mais comuns como a privação da nacionalidade (ex. casamento com estrangeiro) ou o não reconhecimento para certos grupos (por ex. cristãos em estados muçulmanos), casos em que o estado é o responsável.

Ainda existem outros casos, em que o próprio apátrida é o responsável, como na renúncia, ato voluntário de perda da nacionalidade (ex. naturalização desmotivada) ou o não registro de nascimento (ex. deixou de registrar o filho nascido em outro país, mas que por critério de *jus sanguinis* teria direito a nacionalidade no país de origem dos pais).

De qualquer forma, as hipóteses mais corriqueiras de apatridia envolve a **hipótese de não incidência de um critério de atribuição da nacionalidade**, é o típico caso de crianças filhas de pais de nacionalidade distintas, que nascem fora do país de nacionalidade dos pais, onde o critério *jus solis* não é reconhecido, e por sua vez, o *jus sanguinis* não é reconhecido pelo país de nacionalidade dos pais.

A fim de solucionar e reduzir os casos de apatridia, foram celebrados dois importantes tratados, a **Convenção sobre o Estatuto dos Apátridas (1954) e a Convenção para redução dos Casos de Apatridia (1961)**, ambos ratificados e internalizados pelo Brasil.

Um importante direito previsto é o de **não privação da nacionalidade pelo estado, quando resultar em apatridia**. Contudo, o Brasil fez a ressalva prevista no art. 8.3, a, ii, ao ratificar o tratado, reconhecendo seu direito de privar a nacionalidade daqueles que tiverem conduzido de maneira gravemente prejudicial aos interesses vitais do estado[39].

---

39. Artigo 8. 1. Os Estados Contratantes não privarão uma pessoa de sua nacionalidade se essa privação vier a convertê-la em apátrida.
    2. Não obstante o disposto no parágrafo 1 deste Artigo, uma pessoa poderá ser privada da nacionalidade de um Estado Contratante:

De qualquer sorte, por previsão expressa de nossa Constituição de 1988, os brasileiros natos não poderão perder a nacionalidade nesta hipótese, porém, abre-se discussão quanto a possibilidade de aplicação quanto aos naturalizados, em razão da seguinte previsão constitucional: *"art. 5º. § 4º - Será declarada a perda da nacionalidade do brasileiro que: I - tiver cancelada sua naturalização, por sentença judicial, em virtude de atividade nociva ao interesse nacional"*.

O apátrida faz jus à proteção do Estatuto dos Refugiados, podendo assim ostentar a qualidade de **refugiado apátrida**. Neste caso, o fundado temor de perseguição por motivos odiosos deve ocorrer no país do seu domicílio ou, na dicção legal, da sua residência habitual. É exatamente o que dispõe o art. 1º, II, da Lei do Estatuto dos Refugiados.

Um exemplo marcante de refugiados apátridas, registrado como o maior na história do direito internacional dos refugiados, envolve refugiados russos desnacionalizados pela União Soviética. Ao final da Revolução Russa, o governo editou um ato privando a nacionalidade dos russos que se encontravam na condição de refugiados e que manifestavam opinião política contrária ao regime comunista, tornando apátridas, dois milhões de pessoas, em um curto espaço de tempo[40].

(a) nos casos em que, de acordo com os parágrafos 4 e 5 do Artigo 7, uma pessoa seja passível de perder sua nacionalidade;
(b) nos casos em que a nacionalidade tenha sido obtida por declaração falsa ou fraude.
3. Não obstante o disposto no parágrafo 1 deste Artigo, os Estados Contratantes poderão conservar o direito de privar uma pessoa de sua nacionalidade se, no momento da assinatura, ratificação ou adesão, especificarem que se reservam tal direito por um ou mais dos seguintes motivos, sempre que estes estejam previstos em sua legislação nacional naquele momento:
a) quando, em condições incompatíveis com o dever de lealdade ao Estado Contratante, a pessoa:
i) apesar de proibição expressa do Estado Contratante, tiver prestado ou continuar prestando serviços a outro Estado, tiver recebido ou continuar recebendo dinheiro de outro Estado; ou
ii) tiver se conduzido de maneira gravemente prejudicial aos interesses vitais do Estado;
b) quando a pessoa tiver prestado juramento de lealdade ou tiver feito uma declaração formal de lealdade a outro Estado, ou dado provas decisivas de sua determinação de repudiar a lealdade que deve ao Estado Contratante.
4. Os Estados Contratantes só exercerão o direito de privar uma pessoa de sua nacionalidade, nas condições definidas nos parágrafos 2 ou 3 do presente Artigo, de acordo com a lei, que assegurará ao interessado o direto à ampla defesa perante um tribunal ou outro órgão independente.
40. Um exemplo mais atual pode ser encontrado na seguinte notícia no site das Nações Unidas: "Refugiada apátrida no Brasil fala sobre desafios de uma vida sem

Lei nº 9.474, de 22 de julho de 1997

Art. 1º

3.9. "Grave e generalizada violação de direitos humanos"

O conceito brasileiro de refugiado inclui o conceito clássico, estabelecido na "Convenção 1951", e a ampliação trazida pela Declaração de Cartagena. Desta maneira, o inciso III do art. 1º, da lei brasileira, traz um conceito indeterminado a *"grave e generalizada violação dos direitos humanos"*, que pode ser compreendido como *"violência generalizada, a agressão estrangeira, os conflitos internos, a violação maciça dos direitos humanos ou outras circunstâncias que tenham perturbado gravemente a ordem pública"*.

▶ **Jurisprudência**

- **STJ:**

  "No âmbito internacional, o Brasil, no que respeita à legislação protetiva dos refugiados, tendo sido o primeiro país a aprovar a Convenção de 1951, ocorrido em 1960, a aderir ao Protocolo de 1967, em 1972; e o primeiro a elaborar uma lei específica sobre refugiados, a Lei Federal n. 9.474, em 1997. E, embora não tenha assinado a Declaração de Cartagena de 1984, passou a aplicar a definição ampliada de refugiado contida nesse instrumento desde 1989."

  (RESP 201401087793, 4ª Turma, Rel. Min. Luis Felipe Salomão, 19/05/2017)

  "No caso, o exame da questão de o impetrante estar ou não sendo alvo de perseguições ou de ser oriundo de região onde haja grave e generalizada violação de direitos humanos demandaria dilação probatória, o que é inviável em mandado de segurança."

  (MS 201102310080, 1ª Seção, Rel. Min. Arnaldo Esteves Lima, DJE 25/03/2013)

Desta maneira, o Brasil abre a possibilidade de solicitação de refúgio para pessoas não necessariamente perseguidas, mas que diante do quadro de grave e generalizada violação aos direitos humanos tenham que escapar do seu país de origem e pedir refúgio em outro. Trata-se de um desdobramento do conceito clássico e que permite acomodar na proteção do refúgio pessoas que não se enquadram necessariamente no conceito de migrante econômico ou no de refugiado clássico, é a chamada **migração por sobrevivência** (*migration survival*).

---

nacionalidade". Disponível em: https://nacoesunidas.org/refugiada-apatrida-no-brasil-fala-sobre-desafios-de-uma-vida-sem-nacionalidade/. Acesso em 21. set. 2017.

ESTATUTO DOS REFUGIADOS – *Eduardo Paredes*

Nas normas internacionais, especialmente as que versam sobre proteção de direitos humanos, existem diversos conceitos indeterminados como "sistemático", "maciça", "grave", "generalizado", etc. São expressões frequentes, mas que podem ser tranquilamente tratadas como sinônimo de uma situação de ampla, repetitiva e de duradoura violação dos direitos humanos em parte ou em todo território ou em relação a determinado grupo minoritário ou a toda população.

Desta maneira, as expressões podem ser empregadas e combinadas de diversas maneiras, a Lei do Estatuto dos Refugiados preferiu utilizar *"grave e generalizada violação dos direitos humanos"*, o que também pode ser compreendido como *"maciça e sistemática violação dos direitos humanos"*, ambas com o mesmo significado semântico, muito embora, em um rigor técnico as expressões possam ser diferenciadas.

No âmbito do **CONARE**, a expressão *"grave e generalizada violação dos direitos humanos"*, vem sendo interpretada a partir de **três condições**:

(i) **Desestruturação estatal e ausência de governabilidade**: inexistência dos elementos caracterizadores de um Estado Democrático de Direito ou da própria estrutura do estado, dentro da concepção do direito internacional público;

(ii) **Conflitos armados e violência generalizada**: inexistência de paz estável e durável;

(iii) **Situação consolidada**: reconhecimento da comunidade internacional de que o estado ou território em questão se encontra em uma situação de grave e generalizada violação de direitos humanos.

Um bom exemplo da volatilidade da análise das condições envolve os **Casos Liberianos**, em que o CONARE decidiu que apesar de um tratado de paz assinado na Libéria, a situação de ausência de estrutura e de governabilidade aliada ao pequeno processo de desarmamento entre os grupos armados, levaria a manutenção da situação de grave e generalizada violação dos direitos humanos, permitindo reconhecer, segunda a lei brasileira, a situação de refugiado às pessoas provenientes daquele país da costa ocidental africana.

Aqui, se chama a atenção para dois **exemplos envolvendo o conceito brasileiro de refugiado para compreensão da expressão *"grave e generalizada violação dos direitos humanos"***, criados laboratorialmente para este livro.

Lei nº 9.474, de 22 de julho de 1997

Art. 1º

Utilizar-se-á como pano de fundo a guerra civil na Síria, que pode ser considerada o episódio que mais gerou deslocamentos forçados e refugiados ao redor do mundo desde o fim da segunda guerra mundial, sendo que, alguns afirmam a superação em termos numéricos.

O que se busca demonstrar com estes dois exemplos tão distantes um do outro é a dificuldade e o certo grau de subjetivismo que impregna a expressão *"grave e generalizada violação dos direitos humanos"*, dificultando a aplicação do direito internacional dos refugiados.

No primeiro exemplo, imaginem um sírio pertencente a uma minoria católica e perseguido pelo Daesh (Estado Islâmico) ou mesmo pelas milícias pró-governo. Neste caso, não pairam dúvidas de que este sírio se enquadraria no conceito clássico de refugiado por possuir fundado termo de perseguição por motivos religiosos.

No segundo exemplo, imaginem um sírio islâmico alauita, grupo étnico-religioso pró-governo e que participa ativamente das estruturas políticas da Síria. A princípio, neste exemplo, não existe nenhum fundado temor de perseguição, mas o solicitante vem de um país que sofre grave e generalizada violação aos direitos humanos em razão de conflitos internos.

Como se soluciona os dois exemplos à luz do Estatuto dos Refugiados?

No primeiro caso, o sírio católico será considerado refugiado pelo conceito clássico e terá proteção pelo direito internacional dos refugiados e pela lei brasileira.

No segundo caso, o sírio alauita não se enquadra no conceito de refugiado da "Convenção de 1951" e não recebe proteção do direito internacional dos refugiados. Contudo, pela norma interna, o Brasil oferece proteção aos estrangeiros provenientes de países onde esteja ocorrendo grave e generalizada violação dos direitos humanos. Hoje, o sírio alauita encontra-se protegido, mas nada impede que amanhã, conjunturas políticas transformem subitamente a sua realidade.

Na prática, o CONARE tem que lidar com numerosos pedidos de refúgio, mas que na verdade configuram formas de migração econômica ou ambiental, sob o fundamento do inciso III. No entanto, o CONARE não pode arquivar objetivamente todos os pedidos provenientes de determinado país ou região, como no exemplo sírio, ilustrado acima. Em suma, a análise do pedido de refúgio deve ser subjetiva sob o ângulo do indivíduo, devem ser avaliadas as causas que fizeram aquela pessoa escapar, deixando toda sua vida e história para trás em busca de novas oportunidades em outro país.

Neste sentido, o CONARE vem adotando a **Conclusão nº 30 do Comitê Executivo do ACNUR** (1983) para solucionar os pedidos de refúgio e asilo manifestamente infundados ou abusivos, levando em conta a boa-fé dos solicitantes e assim, evitando análises sumárias por origem e julgamentos coletivos, através da análise individual e do direito de recurso.

Contudo, em razão dos numerosos pedidos de refúgio e a ausência de uma estrutura e orçamento adequado, o CONARE muitas vezes acaba por deixar de considerar situações que individualmente poderiam ser enquadradas como refúgio, optando por soluções complementares de proteção, como a concessão do visto humanitário para grupos específicos, como por ex. as pessoas afetadas pelo conflito na Síria, com base na Resolução CONARE n. 17/2013.

Por fim, deve ser ressaltada a ampliação do **conceito de refugiado trazido pelo Plano do Brasil** (2014), que inclui no conceito de refugiados expresso na Declaração de Cartagena "as pessoas que fugiram de seus países, entre outros fatores, por conta da atuação do crime organizado transnacional". A ampliação do conceito teve como objetivo incluir as vítimas do tráfico de pessoas para os mais diversos fins – prostituição, trabalho escravo, adoção ilegal, transplante de órgãos.

A **Resolução CONARE nº 22, de 22 de outubro de 2015**, prevê em seu anexo essa ampliação trazida pela Declaração do Brasil de 2014, um reforço de que o órgão colegiado reconhece o compromisso do Brasil com as vítimas do tráfico de pessoas, servindo como norte interpretativo do inciso III.

No entanto, caso o crime organizado transnacional, e especificamente o tráfico de pessoas, não ocorra diante de um quadro *"grave e generalizada violação dos direitos humanos"* em determinado país, não existe fundamento para concessão do refúgio, o que poderá ocorrer é aplicação de regimes complementares de proteção, como por ex. a **autorização de residência para fins humanitários**, prevista no art. 30 da Lei de Migração, para casos de (i) crianças desacompanhadas; (ii) vítimas do tráfico de pessoas; (iii) vítima de trabalho escravo; e (iii) pessoas que tenham sua condição migratória agravada por violações de direitos.

Lei nº 9.474, de 22 de julho de 1997 **Art. 1º**

3.10. Elementos e requisitos do conceito de refugiado

ELEMENTOS
FUNDADO TEMOR A pessoa deve ter o fundado temor de retorno ao seu país de origem, pois caso retorne poderá ser perseguida. Assim, não pode ser considerada refugiada, aquela pessoa que possa encontrar proteção em outra parte do território do seu país de origem. Neste caso, quando deslocado internamente, sem atravessar uma fronteira internacional, receberá a proteção dos direitos humanos dos deslocados internos (ou do direito internacional humanitário, ou de ambos, conforme o caso) e não do direito internacional dos refugiados.
PERSEGUIÇÃO Deve ser compreendida como grave violação de direitos humanos, na maioria das vezes perpetrados de forma sistemática e repetitiva. A discriminação para ser considera perseguição, deve ser particularmente grave, também chamada de "perseguição sistemática". Na maioria dos casos, a perseguição se dá por meio de **agentes estatais**, mas também pode ser perpetrada por **agentes não estatais**, desde que haja aquiescência ou tolerância em relação aos atos praticados.
MOTIVOS Por pertencer a um grupo étnico racial, nacional, religioso, social ou de opinião política. Em regra, por pertencer a uma minoria perseguida pela maioria nacional. No entanto, pode haver a perseguição de uma minoria por outra minoria, quando o governo tolera ou aquiesce com essa perseguição em parte do seu território. Ressalta-se que o critério qualitativo é o que norteia o conceito de maioria e minoria, e não o critério quantitativo.
BUSCAR PROTEÇÃO EM OUTRO PAÍS O refugiado deve buscar proteção em país diverso da sua nacionalidade (estrangeiro) ou residência habitual (apátrida). Assim, na hipótese de não cruzar uma fronteira internacional e buscar proteção em outro país, será considerado deslocado interno, recebendo proteção internacional através dos direitos humanos dos deslocados internos (ou do direito internacional humanitário, ou de ambos, conforme o caso) e não do direito internacional dos refugiados.

IMPOSSIBILIDADE DE RETORNO	O refugiado deve estar impossibilitado de retornar ao seu país de nacionalidade ou residência habitual (apátrida) por sofrer ameaça de perseguição. Uma vez cessada a ameaça (**cláusula de cessação**), também cessa a condição de refugiado, passando a se aplicar as normas de retorno, quando será chamado de retornado (*returnees*).

REQUISITOS	
SUBJETIVO	Trata-se do fundado temor de perseguição analisado sob a ótica do indivíduo, verificado a partir das suas declarações.
OBJETIVO	Trata-se do fundado temor de perseguição analisado a partir de elementos externos e sob a ótica da comunidade internacional, não sob a visão exclusiva do estado que fornecerá proteção. São elementos externos: a condição social, política e econômica do país, a situação de grupos perseguidos, a violação sistemática e repetitiva de atos de perseguição, sua prática por meio de agentes estatais ou não estatais com sua aquiescência ou tolerância, a violação sistemática e repetitiva de direitos humanos.

▶ **Jurisprudência**

• **STF**

"A legitimidade de um país como garantidor dos direitos fundamentais pode ser aferida não apenas pela solidez e seriedade de suas instituições nacionais, no plano interno, mas também pelo papel que o Estado exerce no âmbito mundial. [...] Entretanto, suposta alegação de que um extraditando poderá ser perseguido ou discriminado, bem como ter sua situação agravada, com base em reações à sua vida pregressa, também encontra limites na própria conjuntura atual do país requerente. Clamor popular, declarações da imprensa ou demonstração de estado de ânimo contra o extraditando são situações normalmente restringidas por um ordenamento jurídico estável. Negar uma extradição com base em manifestações populares de sociedade notoriamente marcada pela democracia não teria cabimento. É presumível que um Estado internacionalmente comprometido com os direitos fundamentais seja capaz de garantir a proteção do extraditando."

Lei nº 9.474, de 22 de julho de 1997

Art. 1º

(EXT 1085, Rel. Min. CEZAR PELUSO, Pleno). (Ext 1382, 1ª Turma, Rel. Min. Luiz Fux, 20.10.2015)

"Extradição: Colômbia: crimes relacionados à participação do extraditando - então sacerdote da Igreja Católica - em ação militar das Forças Armadas Revolucionárias da Colômbia (FARC). Questão de ordem. Reconhecimento do status de refugiado do extraditando, por decisão do comitê nacional para refugiados - CONARE: pertinência temática entre a motivação do deferimento do refúgio e o objeto do pedido de extradição: aplicação da Lei 9.474/97, art. 33 (Estatuto do Refugiado), cuja constitucionalidade é reconhecida: ausência de violação do princípio constitucional da separação dos poderes. 1. De acordo com o art. 33 da L. 9474/97, o reconhecimento administrativo da condição de refugiado, enquanto dure, é elisiva, por definição, da extradição que tenha implicações com os motivos do seu deferimento. 2. É válida a lei que reserva ao Poder Executivo - a quem incumbe, por atribuição constitucional, a competência para tomar decisões que tenham reflexos no plano das relações internacionais do Estado - o poder privativo de conceder asilo ou refúgio. 3. A circunstância de o prejuízo do processo advir de ato de um outro Poder - desde que compreendido na esfera de sua competência - não significa invasão da área do Poder Judiciário. 4. Pedido de extradição não conhecido, extinto o processo, sem julgamento do mérito e determinada a soltura do extraditando. 5. Caso em que de qualquer sorte, incidiria a proibição constitucional da extradição por crime político, na qual se compreende a prática de eventuais crimes contra a pessoa ou contra o patrimônio no contexto de um fato de rebelião de motivação política (Ext. 493)."

(Ext 1008, Plenário, Rel. Min. Gilmar Mendes, 21/03/2007)

* **STJ**

"I - O paciente não se enquadra no conceito de refugiado político, porquanto segundo as informações não sofre qualquer ameaça, sendo certo que a localidade de que é egresso em Angola não é considerada localidade de risco. II - O temor em prestar serviço militar não é fundamento apto à concessão de refúgio político. III - Habeas corpus denegado."

(HC 200400801043, 1ª Seção, Min. Rel. Francisco Falcão, DJ 14/03/2005)

▶ **Aplicação em concurso**

* *DPU – Defensor Público Federal – 4º Concurso - 2010*

    Considere que Melchior, devido a fundado temor de perseguição por motivo de raça, se encontre fora de seu país de nacionalidade e que, tendo ingressado no Brasil, se tenha dirigido à Defensoria Pública e indagado acerca da possibilidade de permanência no país, em condição de asilo. Nesse caso, é correto que o defensor público recomende a Melchior que requeira refúgio, com base na lei que normatiza o assunto.

Obs.: a questão está correta.

- *TRF2 – Juiz Federal – 2014*

QUESTÃO 100. Leia as assertivas e, depois, assinale a opção correta:

I - O refúgio é medida inspirada em razões humanitárias, de natureza administrativa, cuja concessão é disciplinada em lei, de natureza vinculada, e se destina a proteger pessoas vítimas de perseguição por pertencerem a determinado grupo, seja étnico, religioso, nacional, ou de opiniões políticas, entre outros.

II - O asilo é medida política, de natureza discricionária, e alberga quem sofra perseguição individual, e está referido na Constituição da República Federativa do Brasil.

III - O pedido de refúgio impede o prosseguimento do processo de extradição.

IV- A decisão do Comitê Nacional para Refugiados, que indefere o pedido de refúgio, é passível de controle judicial por juiz federal de primeiro grau.

A) Apenas as assertivas I e IV estão corretas.

B) Apenas as assertivas III e IV estão corretas.

C) Apenas as assertivas I e II estão corretas.

D) Todas as assertivas estão corretas.

E) Todas as assertivas estão incorretas.

Obs.: todas as assertivas estão corretas, o gabarito da questão é a letra: d.

A **análise do refúgio sob o ângulo dos requisitos subjetivo e objetivo pode ser extraída da jurisprudência do STF**. Na Ext 1382, o tribunal analisa a perseguição política, fazendo uma abordagem da situação da democracia na Colômbia (país requerente) e a solidez das instituições nacionais, assim, indeferindo o pedido de refúgio e deferindo a extradição, em uma interpretação que levou mais em conta os requisitos objetivos.

Já na Ext 1008, o próprio STF entendeu que o crime comum praticado se deu em um contexto político (envolveu as FARC), sendo devida a concessão do refúgio. Neste caso específico, a interpretação levou em conta mais os requisitos subjetivos.

Lei nº 9.474, de 22 de julho de 1997

Art. 2º

De qualquer forma, o STF não descuida da análise de ambos os requisitos, tanto os de ordem subjetiva, quanto objetiva, cotejando devidamente o conceito de refúgio consoante os seus elementos.

SEÇÃO II
Da Extensão

Art. 2º Os efeitos da condição dos refugiados serão extensivos ao cônjuge, aos ascendentes e descendentes, assim como aos demais membros do grupo familiar que do refugiado dependerem economicamente, desde que se encontrem em território nacional.

1. Direito de extensão familiar

O direito de extensão familiar não tem previsão na "Convenção 1951", muito embora tenha sido previsto em convenções anteriores que serviram para consolidação do Estatuto dos Refugiados. Pode-se dizer que se trata de um **costume internacional inerente ao direito internacional dos refugiados**.

A extensão familiar corresponde ao direito do refugiado ou solicitante de refúgio, uma vez reconhecida esta condição, de estender o regime de proteção – Estatuto dos Refugiados – aos demais membros da família ou através da concessão de visto adequado, desde que garantido o mesmo gradiente de proteção.

São **beneficiários do direito de extensão familiar**:

(i) cônjuge, companheiro (a): mesmo a lei sendo omissa, nossa Constituição de 1988 assegura a mesma proteção ao companheiro (a): além disso, considerando o direito de diferenciação cultural, também deve ser assegurado o direito de extensão a mais de uma esposa ou marido, companheiro (a), ou mesmo concubinos ou concubinas, conforme a cultura do refugiado (ex. poligamia)[41];

(ii) ascendentes: pais, avós, bisavós etc.;

(iii) descendentes: filhos, netos etc.;

---

41. Neste sentido, o art. 1º, §2º, da Resolução CONARE nº 16/2013 *"parágrafo segundo – O CONARE tomará em consideração aspectos sociais, culturais e afetivos para estabelecer padrões de reunião familiar Aplicáveis aos grupos sociais a que pertençam o refugiado".*

(iv)demais membros do grupo familiar, desde que dependam economicamente: colaterais, enteado, tutelado, curatelado, pessoa de que tem a guarda etc., desde que pertencente ao grupo familiar.

Ao observamos a redação do art. 2º não pairam dúvidas de que o legislador optou por estender à família do refugiado **idêntico regime de proteção** – Estatuto dos Refugiados. Até porque a apreciação de um único processo de refúgio com pedido de extensão para os demais membros da família facilita e dá celeridade a análise, na medida em que, na maioria das vezes, os membros da família também se enquadrariam no conceito de refugiados, caso solicitassem o refúgio, pois escaparam da mesma causa de perseguição.

Entretanto, contrariando o espírito da norma e extrapolando o poder regulamentar, a **Resolução CONARE nº 16 de 20 de setembro de 2013**, que dispõe sobre *"procedimentos e Termo de Solicitação para pedidos de reunião familiar"*, ao regulamentar o tema e em substituição à Resolução nº, passou a prever a **concessão de visto adequado pelo Ministério das Relações Exteriores** por meio de solicitação do CONARE, como se pode observar:

> *Art. 1º. Parágrafo primeiro – O CONARE solicitará ao Ministério das Relações Exteriores que seja concedido visto apropriado aos interessados, a fim de que se possibilite a reunião familiar.*

No que tange as **crianças separadas ou desacompanhadas**, a Resolução Conjunta Conanda nº 1/2017, prevê um dispositivo que reforça o direito de extensão e observância da reunião familiar nestes casos de vulnerabilidade:

> *Art. 9º. § 3º Deverão ser envidados esforços para preservação dos vínculos de parentesco ou afinidade entre crianças e adolescentes desacompanhados ou separados, em especial no processo de acolhimento institucional ou familiar.*

A partir deste enunciado, poderíamos afirmar que o **direito de extensão deve ter uma interpretação mais ampla quando envolva crianças separadas ou desacompanhadas refugiadas ou solicitantes de refúgios**, a fim de atender os princípios do melhor e maior interesse da criança. Então, nestes casos, o direito de extensão abrangeria não só pessoas com vínculo de parentesco, mas também de afinidade, em especial no acolhimento institucional e familiar. Neste sentido, o CONARE equipara a crianças órfãs aquelas que os pais se encontrem presos ou desaparecidos.

Ressalta-se que o direito de extensão foi inspirado no **direito de reunião familiar**, consagrado na Declaração Universal de Direitos Humanos (arts. 12, 16), Pacto de Direitos Civis e Políticos (arts. 17, 23, 24), Conven-

Lei nº 9.474, de 22 de julho de 1997

Art. 3º

ção Americana de Direitos Humanos (arts. 11, 17, 18) e na Declaração de Cartagena (cláusula 13ª).

O refúgio não pode ser instrumento de proteção e ao mesmo de separação da família. O desgaste da vida no exílio deve ser diminuído, assegurando o máximo possível que a família fique junta e unida, o que facilitará a adaptação e inserção na comunidade local, além de possibilitar o sustento comum do núcleo familiar.

▶ **Aplicação em concurso**

- *Procurador da República – MPF – 2015*
  De acordo com a lei brasileira sobre refúgio, os efeitos da condição de refugiado serão extensivos a todos os membros do grupo familiar que do refugiado dependerem economicamente, desde que se encontrem em território nacional.

  Obs.: a alternativa está correta.

De qualquer sorte, a lei brasileira faz uma exigência, a de que o **direito de extensão só pode ser assegurado quando o indivíduo se encontre em território nacional.** A exigência diminui a proteção do direito de extensão familiar, porque muitas vezes uma vez iniciada a peregrinação até o país onde se busca o refúgio, o refugiado já não possui suporte econômico suficiente para reunir os membros da família, que, ou buscaram refúgio em outros países ou ainda se encontram no país de origem.

Desta maneira, o ACNUR e auxílio das ONGs são importantes instrumentos para restabelecer a reunião familiar, pois possuem bancos de dados e capilaridade suficiente para, na maioria das vezes, saber onde o membro da família se encontra e auxiliar junto aos governos locais para conceder o direito de extensão ou fazer com o refugiado ingresse no território nacional (requisito exigido pela lei brasileira)[42].

SEÇÃO III
Da Exclusão

Art. 3º Não se beneficiarão da condição de refugiado os indivíduos que:

I - já desfrutem de proteção ou assistência por parte de organismo ou instituição das Nações Unidas que não o Alto Comissariado das Nações Unidas para os Refugiados - ACNUR;

---

42. O filme "A boa mentira", disponível no Netflix, é uma importante ilustração do drama dos refugiados e da importância da reunião familiar.

II - sejam residentes no território nacional e tenham direitos e obrigações relacionados com a condição de nacional brasileiro;

III - tenham cometido crime contra a paz, crime de guerra, crime contra a humanidade, crime hediondo, participado de atos terroristas ou tráfico de drogas;

IV - sejam considerados culpados de atos contrários aos fins e princípios das Nações Unidas.

1. Cláusulas de exclusão

Neste artigo, estão dispostas as chamadas **cláusulas de exclusão**, quando, embora presentes todos os elementos e requisitos do refúgio, não será reconhecida a qualidade de refugiado, seja por que o indivíduo já recebe uma proteção internacional ou nacional adequada, seja pelo fato de ser considerado nocivo pela comunidade internacional ou pela norma interna do estado.

No direito internacional dos refugiados, a doutrina divide o conceito de refugiado em cláusulas:

(i) Cláusulas de inclusão: trata-se dos contornos do conceito de refugiado, tanto em seu conceito clássico, quanto no seu conteúdo ampliado. Assim, uma vez preenchidos os elementos e requisitos do conceito de refugiado (v. comentários do art. 1º), o indivíduo estará incluído na proteção do Estatuto dos Refugiados;

(ii) Cláusulas de cessação: trata-se das hipóteses em que cessam as causas do refúgio, e, portanto, a proteção do Estatuto dos Refugiados, pois não mais subsistem motivos para tanto, podendo gozar de outro regime jurídico protetivo, como por ex. os retornados (*returnees*). Estas causas serão estudadas mais a frente (v. comentários do art. 38);

(iii)Cláusulas de exclusão: trata-se das hipóteses em que uma vez preenchidas as condições presentes no critério de inclusão, mesmo assim, não serão considerados refugiados, por estarem presentes ao menos uma das cláusulas de exclusão. As cláusulas de exclusão estão previstas na "Convenção 1951" e na legislação interna de cada estado.

▶ **Aplicação em concurso**

- *Juiz Federal – TRF 3ª Região – 2016*

    "Poderá ser reconhecida pelo Estado brasileiro a condição de refugiado ao estrangeiro com dupla nacionalidade, síria e norte-americana, ainda que esteja sob a proteção dos Estados Unidos da América."

    Obs.: a alternativa está errada.

Lei nº 9.474, de 22 de julho de 1997   Art. 3º

- *Defensor Público – DPE/BA (FCC) – 2016*

  "O conceito de refugiado, dentro da convenção relativa ao Estatuto dos Refugiados (1951), respeita algumas premissas e determinações, sendo correto afirmar que cessa a condição de refugiado e passa a NÃO gozar de toda a sua proteção o agente contra quem houver sérias razões para pensar que:

  A) pretendeu voltar ao seu país de origem sem que haja autorização expressa da autoridade consular.

  B) cometeu um crime contra a paz, um crime de guerra ou um crime contra a humanidade, no sentido dos instrumentos internacionais elaborados para prever tais crimes.

  C) não abriu mão de sua nacionalidade no país que o acolher.

  D) pleiteou, no que tange ao direito de associação, o tratamento mais favorável concedido aos nacionais de um país estrangeiro.

  E) adotou, no território do país que o acolher, religião diversa da oficial deste país."

  Obs.: a alternativa b está correta.

▶ **STJ**

  "O art. 3º, II, da Lei 9.474/97, expressamente afasta a possibilidade de se reconhecer como refugiados os indivíduos residentes no território nacional que tenham direitos e obrigações relacionados com a condição de nacional, situação em que se enquadra o demandante, que é brasileiro naturalizado, não havendo falar, portanto, em violação de direito líquido e certo por parte da autoridade impetrada."

  (MS 200602813575, 1ª Seção, Rel. Min. Denise Arruda, DJ 10/09/2007)

São **cláusulas de exclusão segundo a lei brasileira**:

(i) Pessoas que não precisam de proteção internacional:

(a) Estrangeiros que já recebam proteção ou assistência internacional: trata-se de uma forma de evitar a dupla proteção. O melhor seria a concessão do refúgio independente de qualquer proteção internacional. No entanto, a legislação nacional na dicção da "Convenção de 1951" apenas reconhece como passível de concessão de refúgio no Brasil os que já recebam alguma proteção internacional do ACNUR (por ex. os apátridas) e de nenhum outro organismo internacional, privilegiando o trabalho do ACNUR e a proteção do sistema universal do direito internacional dos refugiados. Um exemplo são as pessoas sujeitas à proteção da Agência

75

das Nações Unidas para os Refugiados Palestinos e do Oriente Próximo (em inglês: *United Nations Relief and Works Agency for Palestine Refugees in the Near East – UNRWA*);

(b) **Estrangeiros residentes:** neste ponto, a lei buscou consonância com nossa Constituição de 1988, que equipara a proteção do nacional ao estrangeiro residente. Tratando-se de estrangeiro residente regular, não haverá a concessão de refúgio, salvo na hipótese de fim da proteção, como por ex. expiração do visto e sua não renovação. Além disso, poderia se supor que só os "estrangeiros equiparados ao brasileiro" estariam incluídos nesta hipótese, uma interpretação sob este ponto de vista restringiria a cláusula de exclusão aos "portugueses equiparados", certamente não é a mais adequada. Quanto aos migrantes ilegais, deve-se ressalvar que muito embora a proteção sob o manto do direito internacional dos direitos humanos deve ser a mesma do regular, a proteção do nosso ordenamento jurídico ainda não está em sintonia com tais normas, prova disso é que o Brasil sequer assinou a Convenção Internacional para Proteção dos Direitos de Todos os Trabalhadores Migrantes e dos Membros de suas Famílias (2003). Neste caso, por observância do direito internacional dos direitos humanos em convergência com o direito internacional dos refugiados, o migrante irregular não pode ser abrangido por esta cláusula de exclusão, devendo merecer, caso preencha as condições da cláusula de inclusão, a qualidade de refugiado.

(ii) **Pessoas não merecedoras de proteção internacional:**

(a) **Crimes contra a humanidade:** a expressão pode ser utilizada como gênero abrangendo os chamados crimes de *jus cogens*, hoje com rol praticamente[43] pacificado nos seguintes crimes: genocídio, contra a humanidade (propriamente dito), de guerra, agressão. O refúgio pode ser negado mesmo que não tenha havido condenação do Tribunal Penal Internacional (TPI), como se extrair

---

43. Praticamente, porque, alguns autores e determinados estados defendem a inclusão de outros crimes, como por ex. o tráfico de drogas, armas, pessoas etc.; terrorismo; e a corrupção. Neste último caso, ressalta-se o projeto trazido pelo Juiz Federal norte-americano Mark L. Wolf (Judge Wolf), da *U. S. District Court, District of Massachusetts, Boston, MA* no painel *"Doing Justice to Combating Corruption: Forming an International Anti-Corruption Court"*, *Montreal Meeting* (2015) da *ABA International Law*, na qual pude participar como palestrante em outro painel abordando o tema corrupção, exploração de recursos minerais em territórios indígenas e necessidade de proteção dos direitos indígenas na América Latina.

Lei nº 9.474, de 22 de julho de 1997   **Art. 4º**

da expressão *"tenham cometido crime"*. Portanto, a lei na redação da "Convenção de 1951" não exige a condenação, permitindo que o CONARE análise no caso concreto;

(b) Crime hediondo e equiparado (crimes comuns graves): a lei brasileira considerou a simples prática (também não exige a condenação) de crime hediondo, tráfico de drogas e terrorismo (equiparados ao hediondo) como cláusula de exclusão. Atualmente, são crimes hediondos os constantes no rol do art. 1º da Lei nº. 8.072/1990;

(c) Atos contrários aos fins e princípios das Nações Unidas: trata-se de cláusula aberta para incluir pessoas que tenham cometido algum ato condenável pelos princípios mais caros da comunidade internacional, por ex. antes do Estatuto de Roma havia discussão se o genocídio seria um crime contra a humanidade ou de *jus cogens*, tanto que no Tribunal de Nuremberg e de outros tribunais internacionais antes do TPI não houve julgamento por genocídio (pasmem!). Assim, qualquer ato que vulnere os princípios e fins da ONU – paz mundial, cooperação entre os povos, direitos humanos[44] – e, portanto, da comunidade internacional, podem ser aqui abrangidos.

CAPÍTULO II
Da Condição Jurídica de Refugiado

Art. 4º O reconhecimento da condição de refugiado, nos termos das definições anteriores, sujeitará seu beneficiário ao preceituado nesta

---

44. Carta das Nações Unidas. Artigo 1. Os propósitos das Nações unidas são: 1. Manter a paz e a segurança internacionais e, para esse fim: tomar, coletivamente, medidas efetivas para evitar ameaças à paz e reprimir os atos de agressão ou outra qualquer ruptura da paz e chegar, por meios pacíficos e de conformidade com os princípios da justiça e do direito internacional, a um ajuste ou solução das controvérsias ou situações que possam levar a uma perturbação da paz; 2. Desenvolver relações amistosas entre as nações, baseadas no respeito ao princípio de igualdade de direitos e de autodeterminação dos povos, e tomar outras medidas apropriadas ao fortalecimento da paz universal; 3. Conseguir uma cooperação internacional para resolver os problemas internacionais de caráter econômico, social, cultural ou humanitário, e para promover e estimular o respeito aos direitos humanos e às liberdades fundamentais para todos, sem distinção de raça, sexo, língua ou religião; e 4. Ser um centro destinado a harmonizar a ação das nações para a consecução desses objetivos comuns.

Lei, sem prejuízo do disposto em instrumentos internacionais de que o Governo brasileiro seja parte, ratifique ou venha a aderir.

Art. 5º O refugiado gozará de direitos e estará sujeito aos deveres dos estrangeiros no Brasil, ao disposto nesta Lei, na Convenção sobre o Estatuto dos Refugiados de 1951 e no Protocolo sobre o Estatuto dos Refugiados de 1967, cabendo-lhe a obrigação de acatar as leis, regulamentos e providências destinados à manutenção da ordem pública.

Art. 6º O refugiado terá direito, nos termos da Convenção sobre o Estatuto dos Refugiados de 1951, a **cédula de identidade comprobatória de sua condição jurídica, carteira de trabalho e documento de viagem.**

1. Migração Mista: formas e regime de proteção complementar

Os fluxos migratórios se apresentam nas mais variadas formas. Como abordado no capítulo introdutório, o mundo globalizado aumentou o tráfego de valores bens e também de seres humanos. A migração (gênero) pode se apresentar como um deslocamento forçado ou por um deslocamento espontâneo. Neste caso, quando a migração se dá por deslocamento espontâneo, será chamada de migração (propriamente dita).

Na maioria das vezes, a **migração propriamente dita** se dá por questões econômicas, profissionais ou afetivas. A sua regulamentação é operada pela legislação interna de cada estado e durante muito tempo foi visto como uma importante manifestação da soberania. No entanto, desde a humanização do direito internacional e a internacionalização das constituições, o ordenamento jurídico interno dos estados sofre os influxos das normas de direitos humanos e tem como vetor axiológico a dignidade da pessoa humana.

Nesta toada, a **migração não é mais vista como um ato exclusivo de soberania**, devendo respeitar os axiomas de proteção aos seres humanos, em especial, os consagrados no direito internacional dos direitos humanos. O Brasil não se afastou deste caminhar, e apesar da legislação ainda estar distante do ideal, conseguiu aprovar em 2017 uma importante ferramenta de proteção para os fluxos migratórios, com destaque para migração propriamente dita, a Lei nº 13.445, de 24 de maio de 2017 (Lei de Migração), com período vacância de 180 dias.

No que tange a **migração por meio de deslocamentos forçados**, diversas causas podem gerar o fluxo transfronteiriço de pessoas, desde tráfico de pessoas – visando a prostituição, adoção ilegal, trabalho escravo, transplante de órgãos – até a migração ambiental, de pessoas que

Lei nº 9.474, de 22 de julho de 1997 **Art. 6º**

escapam dos efeitos climáticos do aquecimento global. Porém, existem formas específicas de deslocamento forçado que tem como causa comum a perseguição indevida e a impossibilidade de permanecer no país de origem sem correr risco de liberdade, integridade física ou a própria vida.

Nestas hipóteses, é a ausência de proteção no estado de origem, que tinha o dever primário e constitucional de proteger os seus cidadãos, que faz surgir a proteção internacional para buscar, receber e desfrutar do asilo em outro estado, sem qualquer vínculo jurídico-político, mas oportunizando um novo projeto de vida, ainda que temporário. Portanto, o asilo é uma espécie de migração, muito embora forçada por motivos de perseguição indevida ou odiosa.

A partir deste ponto, podemos **diferenciar a migração (em espécie) da migração forçada para obter asilo**. Além da principal diferença, na causa do deslocamento (forçado e por perseguição), a migração se diferencia do asilo, porque naquela hipótese, a pessoa tem oportunidade de recomeçar a vida com a sua integração através de uma nova cidadania, quase sempre operada pelo visto permanente ou pela facilitação da naturalização, um processo sem retorno ao estado anterior. Já o asilo em suas mais diversas formas, em especial a que nos chama atenção – a condição de refugiado, é passageira, não tem a vocação para ser definitiva, por mais que muitas vezes tentem lhe atribuir este sentido.

Portanto, a **marca diferenciadora entre a migração e o asilo** é a transitoriedade na permanência no território estrangeiro. Enquanto a primeira tem ar de definitividade, a segunda busca proteção imediata e transitória, baseada na proteção internacional para escapar da perseguição indevida. Assim, o asilo tem sempre um fim no horizonte, enquanto a migração o horizonte é a própria migração em si.

Nos dias de hoje, podemos perceber com mais clareza a vida em ociedade é complexa e as fórmulas, *standards* e conceitos muitas vezes não acompanham o mundo cotidiano. Quando fluxos de milhares de pessoas começam a migrar de um país para outro, na maioria dos casos, não se está diante de uma única forma de migração, mas de uma migração mista.

Assim, a **migração mista** envolve fluxos migratórios complexos em um mesmo processo migratório com pessoas dotadas de distintas motivações e necessidades de proteção, tais como, refugiados, asilados políticos, apátridas e migrantes em condição regular, irregular, barrados na fronteira, em situação de vulnerabilidade, crianças desacompanhadas etc., ou mesmo pessoas sujeitas a uma forma de acolhida especial (como o visto humanitário ou autorização de residência humanitária).

Art. 6º

ESTATUTO DOS REFUGIADOS – *Eduardo Paredes*

Os fluxos migratórios mistos exigem soluções comuns da comunidade internacional e uma **gestão cooperativa, dialógica e solidária entre os diversos mecanismos de governança global e os países envolvidos**.

Neste sentido, destaca-se a **Declaração do Brasil de 2014**, um Plano de Ação da Declaração de Cartagena. Além disso, diversas conferências vêm sendo realizadas na América Latina e ao redor do mundo, das quais resulta uma série de recomendações a serem observadas pelos países e os mecanismos de governança global, com destaque para Conferência Regional sobre Proteção de Refugiados e Migração Internacional nas Américas, em São José, Costa Rica (2009), que resultou no seguinte documento: "A Proteção de Refugiados e a Migração Mista: 10 Pontos de Ação".

O estudo da migração mista tem revelado que muitas vezes os regimes comuns de proteção não oferecem solução para todos os casos – refúgio, asilo político, visto comum. Desta forma, aqueles que não se enquadram nos *standards* de proteção, passaram a receber formas complementares de proteção e, em alguns casos, foram criados verdadeiros regimes complementares de proteção.

Em outras palavras, as **formas complementares de proteção ou regimes complementares de proteção** correspondem a qualquer medida ou regime estabelecido para proteção de pessoas que não se enquadram na condição de refugiado, asilado político, apátrida, ou qualquer pessoa ou grupo de pessoas que não recebam proteção internacional específica e não estejam em condição migratória regular, mas necessitam de medidas de proteção contra a perseguição indevida ou violação maciça e sistemática dos direitos humanos.

O Brasil possui em seu ordenamento jurídico formas – princípio da não devolução – e regimes de proteção complementar – visto especial com fins humanitários e autorização de residência para fins humanitários. Ressalta-se que a partir a **Lei de Migração** pode-se ser considerada um marco nestes modelos de proteção complementar, visto que receberam assento legal, reforçando a visão de que o Brasil compreende a migração mista sob o prisma dos direitos humanos.

Em que pese a Lei de Migração ainda não ter sido regulamentada, isto não impede a aplicação destes novos institutos, seja porque tem aplicação imediata como a não devolução, seja porque já existia norma de previsão, tais como os regulamentos de visto humanitário do CONARE e do CNIg, ou mesmo convenções internacionais, como a de autorização

Lei nº 9.474, de 22 de julho de 1997 — **Art. 6º**

de residência. Desta maneira, passemos a analisar, um a um, as principais formas e regimes de proteção complementar ao refúgio adotados no Brasil.

2. Proteção contra a não devolução

O Brasil possui uma importante **forma complementar de proteção,** que consiste na **proteção contra a não devolução** (ou *non-refoulement*) mesmo para pessoas que não se enquadram na condição de refugiado ou asilado político. Segundo a Lei de Migração (art. 49, §4º e 96, VI), estão protegidos contra a não devolução:

(i) Estrangeiros menores de dezoito anos desacompanhados dos pais (**crianças desacompanhadas**), salvo quando a devolução importar em medida de proteção e reintegração familiar (princípio do melhor interesse ou interesse-qualidade da criança);

(ii) Estrangeiros que **necessitem de acolhimento humanitário** (visto humanitário);

(iii) Estrangeiros que se devolvidos para seu país ou região, **correm "risco à vida, à integridade pessoal ou à liberdade da pessoa"** (ex. não foi reconhecida a condição de refugiado, mas mesmo assim a devolução importa neste risco);

(iv) Estrangeiros que possam sofrer **tortura, tratamento ou pena cruel, desumana ou degradante** (ex. extradição para país que ficaria sujeito ao "corredor da morte"), também garantido pela Convenção contra a Tortura e Outros Tratamentos ou Penas Cruéis, Desumanos ou Degradantes (art. 3º), aprovada e ratificada pelo Brasil.

Tal proteção complementar está prevista expressamente na legislação de diversos países, com destaque para o Chile (2010), México (2011), Nicarágua (2011). Além disso, a **Corte Interamericana de Direitos Humanos** já se manifestou sobre a importância da proteção complementar nos ordenamentos jurídicos através da **Opinião Consultiva nº 21/14**, sobre os "Direitos e garantias de crianças no contexto de migração e/ou em necessidade de proteção internacional":

> *217. Em suma, no marco da Convenção Americana, o princípio de não devolução estabelecido no artigo 22.8 assume uma expressão singular, apesar de que esta disposição tenha sido incluída como continuação da consagração do direito individual de buscar e receber asilo, sendo um direito mais amplo em seu sentido e alcance do que aquele em aplicação do Direito Internacional de*

*Refugiados. Deste modo, **a proibição de devolução estabelecida no artigo 22.8 da Convenção oferece uma proteção complementar para estrangeiros que não são solicitantes de asilo ou refugiados em casos em que seu direito à vida ou liberdade se encontre ameaçado pelos motivos indicados.** Assim, a leitura dos trabalhos preparatórios da Convenção confirma a interpretação desenvolvida conforme o sentido corrente dos termos do artigo 22.8 da Convenção, dentro do contexto do tratado e tendo em conta seu objeto e fim. (...)*

*219. Em relação a esse ponto, deve-se ter em consideração também os termos do artigo 1.1 da Convenção. Evidentemente, uma pessoa que se encontre submetida à jurisdição do Estado não equivale a encontrar-se em seu território. Em consequência, **o princípio de não devolução é exigível por qualquer pessoa estrangeira sobre a qual o Estado em questão esteja exercendo autoridade ou que se encontre sob seu controle efetivo, com independência de que se encontre no território terrestre, fluvial, marítimo ou aéreo do Estado.***

*220. Entretanto, no contexto do princípio de não devolução, a Corte considera necessário realizar algumas precisões adicionais. A esse respeito, o Comitê dos Direitos da Criança afirmou que "[as] obrigações do Estado não poderão ser arbitrária e unilateralmente recortadas, seja mediante a exclusão de zonas ou áreas do território do Estado, seja estabelecendo zonas ou áreas específicas que fiquem total ou parcialmente fora da jurisdição do Estado". **Quanto à interceptação de solicitantes de asilo em águas internacionais para não permitir que suas petições sejam avaliadas em potenciais Estados de acolhida, a Corte entende que esta prática é contrária ao princípio de não devolução, pois não permite avaliar os fatores de risco concretos de cada pessoa.***

*221. **Em relação ao risco aos direitos à vida ou liberdade da pessoa estrangeira, é pertinente precisar que este deve ser real, isto é, deve ser uma consequência previsível.** Nesse sentido, o Estado deve realizar um exame individualizado a fim de verificar e avaliar as circunstâncias alegadas pela pessoa que revelem que possa sofrer um dano em sua vida ou liberdade no país ao qual se pretende devolvê-la, isto é, a seu país de origem ou, sendo retornada a um terceiro país, essa pessoa corra o perigo de ser enviada posteriormente ao lugar onde sofre esse risco. Se sua narrativa for crível, convincente ou coerente de maneira que possa existir uma provável situação de risco para ela, deve reger o princípio de não devolução. (...)*

*238. **A Corte constatou que em alguns países da região existe a figura que contempla um tipo de proteção similar à concedida***

Lei nº 9.474, de 22 de julho de 1997

Art. 6º

aos solicitantes de asilo e refugiados, que impediria colocar a uma pessoa em uma situação na qual sua vida, liberdade, segurança ou integridade estejam em perigo. Esta figura, conhecida como proteção complementar, poderia ser definida como a proteção que a entidade autorizada no país de acolhida concede ao estrangeiro que não possui regularidade migratória e que não é qualificado como refugiado sob a definição tradicional ou a ampliada, consistente, principalmente, em não devolvê-lo ao território de outro país onde sua vida, liberdade, segurança ou integridade estariam ameaçadas. A Corte considera que a proteção complementar é uma maneira na qual o Estado reconhece a situação da pessoa, identifica seu risco e tem conhecimento de suas necessidades. (GN)

3. Visto humanitário

No que tange ao **regime complementar de proteção**, diferentemente da proteção complementar (consiste em uma medida singular de proteção), possui um plexo de direitos e deveres visando à proteção complementar de pessoas que não se enquadram na condição de solicitante de refúgio, refugiado, asilado político, apátrida, detentor de outra proteção internacional específica ou migrante em condição regular.

O instituto mais usado para proteção destas pessoas é o **visto humanitário**. O visto humanitário tem previsão na legislação interna da maioria dos países e seu regime de proteção é basicamente o mesmo, um visto especial e temporário destinado à proteção de pessoas ou grupo de pessoas que caso retornem ao seu país de origem estarão sujeitos a situações de grave crise humanitária oriunda de catástrofes ambientais, desastres naturais, conflitos armados, situações de violência generalizada e/ou períodos de grave instabilidade institucional e econômica – quase sempre os três fatores estão presentes (meio ambiente, guerra e fome).

Portanto, o visto humanitário tem a **característica de complementar** a definição do refúgio, permitindo que categorias não abrangidas pelo Estatuto dos Refugiados recebam proteção, tais como os "refugiados ambientais" e os "refugiados econômicos". Em que pese o esforço de parte da doutrina em enquadrar tais categorias na qualificação de refugiado, não existe previsão ou abertura no conceito de "fundado temor de perseguição por motivos..." para incluir tais pessoas.

Desta forma, a melhor maneira de consagrar o direito de asilo nestes casos, previsto no direito internacional dos direitos humanos, especialmente, através do art. 14 da Declaração Universal, e do art. 22.7, da Convenção Americana, é garantir a proteção através de um regime complementar como o do visto humanitário. Desde que não seja uma maneira ou burla para não atribuir a condição de refugiado a pessoas que fazem jus a tal proteção, pois possuem mais que um regime, mas um sistema internacional de proteção: o direito internacional dos refugiados.

No Brasil, o visto humanitário encontra **previsão legislativa** no art. 14, da Lei da Migração, possuindo a característica de ser um visto temporário para acolhida humanitária, conforme dispõe a redação do § 3º:

> *Art. 14, § 3º. O visto temporário para acolhida humanitária poderá ser concedido ao apátrida ou ao nacional de qualquer país em situação de grave ou iminente instabilidade institucional, de conflito armado, de calamidade de grande proporção, de desastre ambiental ou de grave violação de direitos humanos ou de direito internacional humanitário, ou em outras hipóteses, na forma de regulamento.*

Segundo a Lei de Migração, os contornos do regime ou dos regimes do visto humanitário serão previstos na legislação regulamentar. No âmbito regulamentar, duas importantes resoluções normativas foram editadas, uma visando à proteção dos haitianos vítimas dos terremotos de 2010, e a outra visando à acolhida humanitária dos que fogem da guerra civil na Síria.

A que trata dos haitianos é a **Resolução Normativa CNIg 978 /2012**, editada pelo Conselho Nacional de Imigração (CNIg), criado pelo Decreto nº 840/1993, que atualmente está vinculado ao Ministério do Trabalho. A resolução considera questões humanitárias, as "resultantes do agravamento das condições de vida da população haitiana em decorrência do terremoto ocorrido naquele país em 12 de janeiro de 2010". O visto humanitário é concedido pelo Ministério das Relações Exteriores (MREx) pelo prazo de 5 anos, que pode ser renovado, desde que comprovada a situação laboral. A resolução vem tendo sua vigência prorrogada anualmente.

A outra é a **Resolução Normativa do CONARE nº 17/2013**, considerando "o agravamento das condições de vida da população em território sírio, ou nas regiões de fronteira com este, como decorrência do conflito armado na República Árabe Síria" como questão de acolhida humanitária para concessão do visto. O MREx é o responsável pela concessão do visto, e diferentemente dos haitianos independente de comprovação da situação laboral. Além disso, o visto não se restringe aos sírios, mas pessoas de qualquer nacionalidade afetadas pelo conflito, desde que morem na Síria ou em regiões próximas a sua fronteira. A resolução, que tem duração de dois anos, vem sendo prorrogada.

Lei nº 9.474, de 22 de julho de 1997 **Art. 6º**

Em regra, o visto humanitário deve ser concedido em "embaixadas, consulados-gerais, consulados, vice-consulados e, quando habilitados pelo órgão competente do Poder Executivo, por escritórios comerciais e de representação do Brasil no exterior". No entanto, não pode o solicitante de visto humanitário tê-lo indeferido ou retornar por razões formais na concessão do visto, devendo ser concedido em território nacional independentemente do ingresso irregular, o que pode ser extraído da interpretação do art. 49, §4º, da nova lei.

Uma importante garantia trazida pela Lei de Migração é o **direito de extensão** ao "cônjuge ou companheiro e seus filhos, familiares e dependentes" (art. 4º, III), permitindo que o titular do visto humanitário – e de qualquer pessoa na condição de migrante – possa estendê-lo a sua família. Deste modo, assegurando o **direito de reunião familiar** na concessão do visto.

No que tange a **competência para concessão do visto humanitário**, o Projeto de Lei nº 5.655/2009, previa a criação do Conselho Nacional de Migração (substituindo o CNIg) com atribuição para "recomendar outorga de visto ou autorização de residência, de caráter temporário ou permanente, por razões humanitárias" (art. 145, III), enquanto a concessão do visto seria atribuição do MREx. O que já vinha ocorrendo desde a Resolução Normativa nº 13/2007 do CONARE, que reconheceu a competência do CNIg para análise da elegibilidade do visto humanitário, cabendo ao MREx a sua concessão.

No entanto, o PL nº 5.655/2009 foi arquivado e o Projeto de Lei nº 2.516/2015 foi aprovado e resultou na Lei de Migração, que deixou a questão para **solução regulamentar**. Entende-se que a regulamentação deveria ampliar as atribuições do Comitê Nacional para os Refugiados – CONARE, para além da análise dos pedidos de refúgio, avaliar também a concessão dos vistos humanitários, ou então, que seja criado no Brasil uma **autoridade migratória única**, a fim de centralizar os procedimentos de pedido de visto humanitário, residência temporária, refúgio, etc.

Desta maneira, a questão estaria em consonância com os princípios estabelecidos na Declaração de Cartagena e nos seus planos de ação, de que a migração mista e o refúgio andam lado a lado, sendo separados por uma linha tênue, mas que por primazia da dignidade da pessoa humana deve priorizar a máxima proteção dos seres humanos, independentemente de categorias jurídicas.

4. Autorização de residência para fins humanitários

Além do visto humanitário, a Lei de Migração trouxe outro importante regime de proteção complementar para atender às necessidades dos

Art. 6º   ESTATUTO DOS REFUGIADOS – *Eduardo Paredes*

fluxos migratórios mistos: a **autorização de residência para fins humanitários**, que pode ser concedida nos casos de (i) crianças desacompanhadas; (ii) vítimas do tráfico de pessoas; (iii) vítima de trabalho escravo; e (iii) pessoas que tenham sua condição migratória agravada por violações de direitos (ex. migrante trabalhador irregular ou extraditando sujeito à tortura no país que solicita a extradição). Nesta autorização, está assegurado o direito de extensão e de reunião familiar.

Ressalta-se, ainda, que a autorização de residência pode ser concedida em outros casos, sem envolver especificamente uma questão humanitária, conforme prevê do art. 30. Dentre as diversas hipóteses, uma deve ser mencionada, pois estritamente relacionada com a migração mista, trata-se da **autorização de residência para pessoas oriundas de países que tenham com Brasil acordo de residência e livre circulação.**

Dentre os tratados celebrados pelo Brasil para residência e livre circulação destaca-se o **Acordo sobre Residência para Nacionais dos Estados Partes do MERCOSUL**, assinado por ocasião da XXIII Reunião do Conselho do Mercado Comum, realizada em Brasília, nos dias 5 e 6 de dezembro de 2002, promulgado através do Decreto nº 6.964/2009. Além do Brasil, Argentina, Paraguai e Uruguai, o acordo também foi ratificado por Colômbia, Equador, Peru, Chile e Bolívia. Assim, o acordo tem vigência em toda a América do Sul, com exceção da Venezuela.

A fim de solucionar o crescente fluxo migratório de venezuelanos que entram pela fronteira terrestre de Roraima, o CNIg editou a **Resolução Normativa nº 125, de 2 de março de 2017**, que prevê a autorização de residência temporária (2 anos) para estrangeiro que tenha ingressado no território brasileiro por via terrestre e seja nacional de país fronteiriço, para o qual ainda não esteja em vigor o Acordo de Residência para Nacionais dos Estados Partes do MERCOSUL e países associados.

Além da Venezuela, podem se beneficiar da **autorização de residência temporária para nacionais de países fronteiriços**, a Guiana e o Suriname. A resolução prevê a possibilidade de o solicitante optar entre o refúgio (caso tenha requerido) ou a autorização de residência, o que demonstra que a migração mista é uma realidade na qual não podemos deixar de nos preocupar, variando a proteção conforme a necessidade da pessoa que ingressa em nosso território em busca de dias melhores.

5. Passaporte e documentação do refugiado

O solicitante de refúgio e o refugiado têm direito à carteira de identidade e de trabalho no país do refúgio, a fim de que possa se identifi-

Lei nº 9.474, de 22 de julho de 1997

Art. 10

car e exercer atividade remunerada. Além disso, o refugiado faz jus a um documento de viagem, na verdade um passaporte emitido pelo Brasil, através da Polícia Federal, com regulamentação na Resolução nº 23 de 30 de setembro 2016.

TÍTULO II
Do Ingresso no Território Nacional e do Pedido de Refúgio

Art. 7º O estrangeiro que chegar ao território nacional poderá expressar sua vontade de solicitar reconhecimento como refugiado a qualquer autoridade migratória que se encontre na fronteira, a qual lhe proporcionará as informações necessárias quanto ao procedimento cabível.

§ 1º Em **hipótese alguma será efetuada sua deportação para fronteira de território em que sua vida ou liberdade esteja ameaçada**, em virtude de raça, religião, nacionalidade, grupo social ou opinião política.

§ 2º O benefício previsto neste artigo **não poderá ser invocado por refugiado considerado perigoso para a segurança do Brasil.**

Art. 8º O ingresso irregular no território nacional não constitui impedimento para o estrangeiro solicitar refúgio às autoridades competentes.

Art. 9º A autoridade a quem for apresentada a solicitação deverá ouvir o interessado e preparar termo de declaração, que deverá conter as circunstâncias relativas à entrada no Brasil e às razões que o fizeram deixar o país de origem.

Art. 10. A solicitação, apresentada nas condições previstas nos artigos anteriores, **suspenderá qualquer procedimento administrativo ou criminal pela entrada irregular**, instaurado contra o peticionário e pessoas de seu grupo familiar que o acompanhem.

§ 1º Se a **condição de refugiado for reconhecida, o procedimento será arquivado**, desde que demonstrado que a infração correspondente foi determinada pelos mesmos fatos que justificaram o dito reconhecimento.

§ 2º Para efeito do disposto no parágrafo anterior, a solicitação de refúgio e a decisão sobre a mesma deverão ser comunicadas à Polícia Federal, que as transmitirá ao órgão onde tramitar o procedimento administrativo ou criminal.

1. Direito de asilo

O direito de asilo pode ser dividido em três desdobramentos de proteção ou **três fases:** direito de buscar asilo, direito de receber asilo e direito de desfrutar do asilo. O **direito de buscar asilo** consiste na possibilidade de pessoas deixarem seu país e buscarem asilo em outro estado. O impedimento à saída do nacional para buscar asilo, assim como proibir o reingresso voluntário do nacional que pediu asilo em outro país, configura violação ao direito de asilo. Portanto, o direito de buscar asilo pode ser compreendido como um corolário da liberdade de locomoção.

Tanto é assim, que o direito de buscar e receber asilo é tratado como um **componente da liberdade de circulação e residência** pela Convenção Americana de Direitos Humanos (art. 22.7). Da mesma maneira, a não devolução ou a expulsão somente em hipóteses devidamente fundamentadas são desdobramentos da liberdade de circulação e residência (art. 22.6). Observe-se a redação da Convenção Americana:

> *Artigo 22. Direito de circulação e de residência*
>
> *1. Toda pessoa que se ache legalmente no território de um Estado tem direito de circular nele e de nele residir em conformidade com as disposições legais.*
>
> *2. Toda pessoa tem o direito de sair livremente de qualquer país, inclusive do próprio.*
>
> *3. O exercício dos direitos acima mencionados não pode ser restringido senão em virtude de lei, na medida indispensável, numa sociedade democrática, para prevenir infrações penais ou para proteger a segurança nacional, a segurança ou a ordem públicas, a moral ou a saúde públicas, ou os direitos e liberdades das demais pessoas.*
>
> *4. O exercício dos direitos reconhecidos no inciso 1 pode também ser restringido pela lei, em zonas determinadas, por motivo de interesse público.*
>
> *5. Ninguém pode ser expulso do território do Estado do qual for nacional, nem ser privado do direito de nele entrar.*
>
> *6. O estrangeiro que se ache legalmente no território de um Estado Parte nesta Convenção só poderá dele ser expulso em cumprimento de decisão adotada de acordo com a lei.*
>
> *7. Toda pessoa tem o direito de buscar e receber asilo em território estrangeiro, em caso de perseguição por delitos políticos ou comuns conexos com delitos políticos e de acordo com a legislação de cada Estado e com os convênios internacionais.*
>
> *8. Em nenhum caso o estrangeiro pode ser expulso ou entregue a outro país, seja ou não de origem, onde seu direito à vida ou à*

Lei nº 9.474, de 22 de julho de 1997

Art. 10

> *liberdade pessoal esteja em risco de violação por causa da sua raça, nacionalidade, religião, condição social ou de suas opiniões políticas.*
>
> *9. É proibida a expulsão coletiva de estrangeiros.*

Apesar de o dispositivo mencionar apenas a "perseguição por delitos políticos ou comuns conexos", a norma deve ser interpretada para abarcar "em sentido amplo os perseguidos" e não só aqueles que envolvem crimes políticos[45]. Para defender este ponto de vista, dois argumentos podem ser utilizados:

(i) O primeiro é de que a convenção não pode ser interpretada em um sentido de que exclua ou limite o efeito que pode produzir, conforme seu art. 29;

(ii) O segundo argumento é de que se um perseguido político faz jus ao asilo, com maior razão devem ser incluídas outras formas de perseguição como por motivos de raça, nacionalidade, religião ou condição social. Tanto é assim, que logo no inciso 8, a convenção veda a expulsão nestas hipóteses.

Após o exercício do direito de buscar asilo, o solicitante tem a possibilidade de exercer o **direito de receber asilo**. Em regra, como já se comentou, o direito internacional não estabelece uma obrigação do estado em fornecer asilo fora das hipóteses convencionais e legais. No entanto, havendo previsão normativa e enquadramento nas condições, o asilo deve ser concedido, sob pena de violação dos direitos humanos.

Portanto, a concessão do asilo não é uma discricionariedade política, mas uma **discricionariedade jurídica ou um ato vinculado** (a depender da corrente doutrinária). O solicitante tem direito à concessão do asilo desde que preenchidos os requisitos legais ou convencionais, mesmo que politicamente o estado não queira conceder o asilo.

Diferente são as hipóteses em que não estão preenchidos um ou alguns dos requisitos (**hipóteses de não enquadramento**). Nestes casos, o estado não está obrigado a conceder o asilo. Porém, em atenção ao postulado dos direitos humanos, o estado deve prever formas ou regimes complementares de proteção para aqueles casos em que não conceder o asilo pode ser uma violação ainda mais grave do que devolver o solicitante ao seu país de origem.

---

45. STEINER; URIBE.

Assim, repita-se que o **direito de asilo pode ser negado pelo Brasil**, nas hipóteses de não enquadramento ou quando presente uma cláusula de exclusão. Um exemplo seria a comprovada participação do requerente em atividades terroristas (art. 3º, III, Lei nº 9.494/1997; art. 13, Convenção Interamericana contra o Terrorismo).

Em suma, o direito de receber asilo está adstrito às hipóteses previstas nas normas internacionais e internas. No Brasil temos a previsão de conceder asilo:

(i) refúgio, quando satisfeitas as condições esculpidas na "Convenção de 1951" e na Lei 9.474/97;

(ii) asilo político, que pode ser diplomático ou territorial, na forma regulamentar do art. 27 da Lei de Migração ou com base nos compromissos assumidos pelo Brasil; e

(iii) visto humanitário, quando preenchidos os requisitos das normas regulamentares ao art. 14, §3º, da Lei de Migração, com caráter complementar aos demais (critério da subsidiariedade).

Após o reconhecimento das condições e concessão do asilo, o estrangeiro passa a gozar do direito de desfrutar asilo, o terceiro desdobramento do direito de asilo. O **direito de desfrutar o asilo** permite que o asilado possa retomar suas atividades, como por ex. exercer atividade remunerada, um documento de identificação e de viagem, conforme o regime de proteção ao qual está submetido – refugiado, visto humanitário ou asilado político, e de não poderá ser expulso ou deportado, mesmo que tenha ingressado ilegalmente no país.

No mesmo diapasão, a Comissão Interamericana de Direitos Humanos vem interpretando direito de asilo a partir destas **duas dimensões46**: direito da pessoa e discricionariedade jurídica do estado. Segundo a Comissão, o direito ao asilo não traz uma obrigação automática do estado em concedê-lo. O estado tem discricionariedade jurídica (e não política) para avaliar se o solicitante de asilo preenche os requisitos da legislação interna e das convenções internacionais.

Recapitulando, no Brasil o asilo, basicamente, possui três formas de concessão ou regimes de proteção: o refúgio, mais abrangente e que engloba boa parte dos asilados no país; o asilo político, que pode ser conce-

---

46. Informe sobre a situação dos direitos humanos dos solicitantes de asilo no marco do sistema canadense de determinação da condição de refugiado (2000) e o caso Comitê Haitiano de Direitos Humanos e Outros vs. Estados Unidos (1997).

Lei nº 9.474, de 22 de julho de 1997

Art. 10

dido em uma embaixada do país no exterior (diplomático) ou no próprio país (territorial), em casos individuais de perseguidos políticos; e o visto humanitário, que tem sido usado para receber grupos de estrangeiros não incluídos no conceito de refugiado (caráter residual).

No **âmbito internacional**, o direito de asilo encontra-se consagrado em diversos instrumentos, dentre os quais, merecendo destaque o art. 14 da DUDH; art. XXVII da Declaração Americana de Direitos e Deveres dos Homens (1948); art. 22.8 da Convenção Americana sobre Direitos Humanos (ConvADH) (1969); art. 12.3 da Carta Africana sobre Direitos Humanos e dos Povos de 1981 (CartaADHP); art. 18 da Carta dos Direitos Fundamentais da União Europeia de 2000 (ConvEDH).

Entretanto, ressalta-se que não existe um dispositivo específico sobre o direito de asilo no Pacto Internacional de Direitos Civis e Políticos (PIDCP), porém, isto não impede que seja extraído deste tratado.

Neste sentido, o **Comitê de Direitos Humanos**, órgão de monitoramento (*treaty body*) do PIDCP, vem interpretando o direito de asilo e estabelecendo seus contornos através dos seguintes direitos: liberdade e à segurança pessoais (art. 9º); liberdade de locomoção (art. 12); liberdade de pensamento, consciência e religião (art. 18); liberdade de expressão e de reunião (art. 19 e 21); e também, no direito à vida (art. 6º), e integridade pessoal (art. 7º).

Desta maneira, podemos afirmar que o direito de asilo tem um **caráter instrumental**, pois o seu exercício envolve o direito de fruição a partir de outros direitos humanos. E assim, assumindo a função de instrumentalizar o exercício do direito à vida, integridade física, moradia, e todas as liberdades que deveria fazer jus no país de sua cidadania, mas que por ação ou omissão se viu perseguido ou ameaçado, buscando proteção em outro país, passando a exercer uma **"cidadania protetiva"**, fruto do compromisso internacional em proteger os seres humanos.

A fim de ilustrarmos que o direito de asilo, mesmo sem previsão legal ou convencional, pode ser considerado **corolário de outros direitos**, seguem dois importantes casos julgados pelo Comitê de Direitos Humanos do PIDCP:

(i) *Caso Fatoumata Kaba vs. Canadá*: onde a cidadã da Guiné e da etnia malinke, Fatoumata Kaba escapou junto com sua mãe da prática de clitoridectomia, buscando asilo no Canadá, quando o órgão incumbido de analisar o refúgio nega o pedido com base na ausência de comprovação de perseguição individual (também foi negado o visto humanitário), mas o Comitê interpretou que o termo "grupo social particular" deve abranger as mulheres solteiras e vítimas de violência familiar com sério risco de se submeterem à prática de mutilação genital;

(ii) *Caso Al-Gertaine vs. Bósnia-Herzegovina*: onde cidadão iraquiano, sunita e vinculado ao regime de Saddam Hussein ingressou, se naturalizou e constituiu família (mulher e três filhos) na Bósnia-Herzegovina com nome e passaporte falso. Após ser descoberto foi detido para expulsão, quando solicitou refúgio por pertencer a um grupo político perseguido. Em sua recomendação, o Comitê entendeu que a expulsão de Zeyad Al-Gertaine violaria o direito de reunião familiar, já que sua mulher e filhos com sua expulsão não poderiam acompanha-lo ao Iraque, um país em guerra civil, sem risco a sua vida e liberdade pessoal.

Ressalta-se que em ambos os casos (e em diversos outros), o Comitê interpretou o direito ao asilo e o direito de não devolução com intima relação ao art. 13 (expulsão devidamente fundamentada) e 7 (vedação à tortura). Concluindo que o direito de asilo deve sempre ser assegurado quando a expulsão importar em riscos à vida e integridade pessoal, um "limite mínimo" para concessão do asilo, devendo imperiosamente ser concedido nestas hipóteses, sem qualquer margem de dúvida.

No mesmo sentido, o **Caso Chahin vs. Suécia**, do **Comitê contra Tortura** (CAT), interpretando com corolário do art. 3 da Convenção contra a Tortura e outros Tratamentos ou Penas Cruéis, Desumanos ou Degradantes. E o Caso Y.C. vs. Dinamarca, do Comitê sobre a Eliminação da Discriminação contra as Mulheres (CEDAW), extraído dos arts. 1º, 3º e 5º da Convenção sobre a Eliminação de Todas as Formas de Discriminação contra a Mulher.

Isto demonstra claramente como o direito de asilo é um desdobramento de diversos outros direitos humanos, na medida em que as violações que acarretam a busca por asilo, na maioria das vezes, importam em risco de vida, integridade pessoal, liberdade, vida privada, moradia, propriedade, etc. E ainda, envolve a violação ao projeto de vida, na qual todos os seres humanos têm direito de usufruir, sem a interferência indevida do estado, mas dele exigindo seu respeito e promoção.

Por fim, podemos classificar o **direito de asilo:**

(i) quanto ao lugar: (a) **asilo territorial**, em que ocorre dentro do território de um estado como decorrência da soberania

Lei nº 9.474, de 22 de julho de 1997 **Art. 10**

territorial, como ex. temos o refúgio e o asilo territorial; (b) **asilo extraterritorial**, em que ocorre fora do território do estado, mas sob sua jurisdição, como exemplo temos o asilo diplomático e o concedido em navios de guerra, acampamentos ou aeronaves militares;

(ii) quanto a sua duração: (a) **asilo temporal**, concedido em certas situações de proteção temporal, geralmente em razão de fluxos massivos, como ex. temos o visto humanitário e os refugiados sob limitação temporal (antes do Protocolo de 1967); (b) **asilo provisório**, a proteção é assegurado enquanto presente as causas que deram origem a perseguição, trata-se da atual configuração do Estatuto dos Refugiados; (c) **asilo permanente**, a proteção leva em conta uma estadia mais prolongada com ares de definitividade, permitindo retornar a vida à normalidade e a integração na nova comunidade, portanto, está umbilicalmente ligado à política migratória através de vistos como o permanente ou mesmo a possibilidade de naturalização especial, como ex. temos o asilo concedido aos judeus no pós-guerra.

2. Solicitação de refúgio

A partir deste artigo se inicia a abordagem legal do processo para solicitação de refúgio no Brasil. O processo basicamente se divide em três fases: (i) fase de solicitação, realizado perante a autoridade migratória, no caso, a Polícia Federal; (ii) fase instrutória e decisória, através do CONARE; e (iii) fase recursal, perante o Ministro da Justiça. O processo é regulamentado pelo CONARE através da Resolução nº 18, de 30 de abril de 2014.

▶ **Aplicação em concurso**

- *Juiz Federal – TRF 3ª Região – 2016*

  "O pedido de refúgio poderá ser solicitado pelo estrangeiro a qualquer autoridade migratória que se encontre na fronteira, que deverá ouvir o interessado e preparar termo de declaração, além de lhe proporcionar as informações necessárias quanto aos trâmites cabíveis, suspendendo-se quaisquer procedimentos administrativo ou criminal decorrente da entrada irregular, instaurados contra o peticionário e pessoas de seu grupo familiar que o acompanhem."

  Obs.: a alternativa está correta.

Neste tópico iremos analisar o **pedido perante a autoridade migratória**, papel exercido pela Polícia Federal. Segundo o art. 1º da Resolução nº 18:

Art. 10

ESTATUTO DOS REFUGIADOS – *Eduardo Paredes*

O estrangeiro que se encontre em território nacional e que desejar pedir refúgio ao Governo brasileiro deverá dirigir-se, pessoalmente ou por seu procurador ou representante legal, a qualquer Unidade da Polícia Federal, onde receberá e/ou entregará preenchido o Termo de Solicitação de Refúgio constante do Anexo I da presente Resolução, devendo a Polícia Federal fornecer ao solicitante cópia de todos os termos.

A solicitação do refúgio dá-se por meio do **Termo de Solicitação** (constante no Anexo I da Resolução nº 18) em uma unidade da Polícia Federal com o comparecimento do requerente ou por meio de procurador ou representante legal, no caso dos refugiados menores ou crianças, em uma acepção mais técnica ao direito internacional[47]. Neste momento, se possível serão colhidos os dados biométricos e a realização, caso seja necessário, de uma audiência prévia (contudo, sem analisar o mérito do pedido).

O Termo de Solicitação encontra-se regulado pela **Resolução Normativa nº 24**, de 28 de julho de 2017, do CONARE. A resolução também traz regras sobre o Formulário de Identificação de Familiares para Extensão dos Efeitos da Condição de Refugiado, que permite o exercício do direito de extensão, analisado no art. 2º (Anexo II).

A **audiência na Polícia Federal** é excepcional e não pode ter o condão de descaracterizar a condição temporária de refugiado e os corolários de proteção. Isto porque, o órgão responsável pela análise das condições de elegibilidade é o CONARE, através da chamada audiência de elegibilidade e durante a instrução do processo. Caso contrário, a Polícia Federal estaria legitimada a analisar e julgar o pedido de refúgio *in limine*, o que não é permitido.

O Termo de Solicitação se dá através do **Formulário de Solicitação de Reconhecimento da Condição de Refugiado e o Formulário de Identificação de Familiares para Extensão dos efeitos da Condição de Refugiado**, ambos previstos nos Anexos I e II da recente publicada Resolução CONARE nº 24, de 22 de julho de 2017 e constantes na parte final deste livro.

Além disso, o Termo de Solicitação equivale ao **Termo de Declarações** previsto no art. 9º, da Lei do Estatuto dos Refugiados, conforme dispõe o art. 2º, §1º, da Resolução CONARE nº 18/2014. Isto porque, no Termo de

---

47. O direito internacional não faz a divisão entre crianças e adolescentes. Crianças são os menores de 18 anos. Neste sentido, o art. 1º da Convenção sobre os Direitos das Crianças (1990).

Lei nº 9.474, de 22 de julho de 1997 **Art. 10**

Solicitação, contém campo específico para que o solicitante informe as "circunstâncias relativas à entrada no Brasil e às razões que o fizeram deixar o país de origem", contendo, portanto, as declarações que a lei exige.

▶ **Aplicação em concurso**

* *Promotor de Justiça – MPRO (CESPE) – 2013*

    "A respeito do direito dos refugiados no Brasil, assinale a opção correta.

    B) A lei brasileira prevê a possibilidade de que seja reconhecido como refugiado o indivíduo que, devido a fundados temores de perseguição por motivo de opinião política, esteja fora de seu país de nacionalidade e tenha praticado crime de guerra.

    C) Os efeitos da condição dos refugiados estendem-se ao cônjuge economicamente dependente do refugiado, ainda que se encontre fora do território nacional."

    Obs.: as alternativas estão erradas.

Uma questão muito cobrada nos concursos públicos é sobre o **critério da territorialidade** para solicitação de refúgio e também para extensão familiar. O solicitante de refúgio deve estar em território nacional para fazer a solicitação, da mesma forma a sua família, a fim de que faça o pedido de extensão familiar. O Brasil indeferirá automaticamente solicitações de refúgio ou extensão familiar, quando o beneficiário se encontra fora do território nacional.

3. Crianças desacompanhadas e separadas

Uma questão importante e delicada são os pedidos de refúgio solicitados por **crianças desacompanhadas e separadas**. Neste tema, o CONARE editou a Resolução Conjunta nº 1, de 9 de agosto de 2017, estabelecendo procedimento de identificação preliminar, atenção e proteção para crianças e adolescentes desacompanhados ou separados, em atenção aos princípios da proteção integral, absoluta prioridade e interesse maior da criança (interesse-qualidade), reconhecendo sua extrema vulnerabilidade.

As normas da Resolução são fundamentas em normas internas, como Estatuto da Criança e Adolescente, e internacionais, como a Convenção dos Direitos da Criança. No âmbito internacional, ainda, devem ser mencionados o Comentário Geral nº 6, de 1 de setembro de 2005, do Comitê dos Direitos da Criança, e a Opinião Consultiva nº 21 da Corte Interamericana de Direitos Humanos, de 19 de agosto de 2014.

O **Comentário Geral nº 6, de 1 de setembro de 2005, do Comitê dos Direitos da Criança**, serve como um guia de observância dos direitos das crianças quando separadas e desacompanhadas de suas famílias em situação de migração, reconhecendo a extrema de vulnerabilidade e recomendando aos estados que observem normas específicas sobre o tema. Neste documento, o Comitê conclui que os direitos das crianças devem se dar sobre quatro princípios reitores: (i) não discriminação; (ii) melhor interesse da criança; (iii) respeito ao direito à vida, sobrevivência e desenvolvimento; e (iv) o direito de ser ouvida durante todo o procedimento, a fim de garantir a sua participação.

A **Opinião Consultiva nº 21 da Corte Interamericana de Direitos Humanos**, trata dos direitos e garantias das crianças em um contexto de migração e/ou necessidade de proteção internacional, interpretando os direitos das crianças previsto na Convenção Americana de Direitos Humanos a partir de outros instrumentos internacionais, especialmente a Convenção dos Direitos das Crianças. Além disso, segue basicamente as mesmas diretrizes apontadas no Comentário Geral nº 6.

Assim, segundo os dois instrumentos de jurisdição consultiva, os estados devem adequar os procedimentos de refúgio para assegurar às crianças um acesso efetivo e que leve em consideração sua situação específica de vulnerabilidade. Neste sentido, os estados devem nomear um **tutor/guardião** para as crianças desacompanhadas ou separadas da sua família, assegurando o exercício dos direitos do menor e sua proteção até atingir a maioridade, a fim de que seja possível a reunião familiar ou então, que a situação de refúgio tenha fim e possa retornar ao seu lar e ao seio da sua família. Caso isto não seja possível, que garanta sua proteção através da integração local ou da adoção internacional, o que melhor atender ao interesse da criança.

Na Resolução Conjunta nº 1, são previstos diversos dispositivos específicos para o procedimento de análise do pedido de refúgio por crianças desacompanhadas ou separadas. Dentre os quais merece destaque a existência de um **Formulário para Análise de Proteção** (Anexo I), específico para a situação, e o devido acompanhamento especial pela Defensoria Pública da União – DPU.

Além da **entrevista inicial**, quando levará em conta "idade, sua identidade de gênero, deficiência, em uma linguagem que a criança e adolescente entendam, objetivando registrar sua história, incluindo, quando possível, a identificação dos pais e irmãos, bem como sua cidadania e a de pais e irmãos", o Defensor Público Federal acompanhará o processo até o seu desfecho, permitindo que em todo o momento a criança exerça o seu protagonismo.

Lei nº 9.474, de 22 de julho de 1997

Art. 10

Ainda, deve ser destacada a diferença entre criança desacompanhada para separada da família. **Criança desacompanhada** é aquela que "não possui nenhuma pessoa adulta acompanhando-lhe no seu ingresso em território nacional". Enquanto isso, **criança separada** é aquela que está acompanhada "por uma pessoa adulta que não é o responsável legal que detenha poder familiar, no seu ingresso em território brasileiro". Os termos se aplicam além do refúgio para outras situações de pedido de asilo, tais como o visto humanitário, a residência temporária e na aplicação de medidas protetivas em face do tráfico de crianças.

Ressalta-se que a Lei de Migração também prevê normas específicas para às crianças, consagrando o princípio da proteção integral e do interesse superior da criança. Nos casos em que a criança está desacompanhada dos seus responsáveis legais ou sem autorização expressa para viajar desacompanhada de seu representante legal, será concedida a **admissão excepcional em território nacional**, a fim de que se verifique a situação da criança e o regime protetivo que deve ser concedido, ao invés de simplesmente deportá-la, como previa a legislação anterior.

4. Entrada irregular

O asilo e suas espécies – refúgio, visto humanitário etc. – se diferenciam da política migratória, especialmente quanto à **imunização quanto à entrada irregular do estrangeiro**. Em regra, nos pedidos de asilo, o uso de nome, identidade, qualificação falsa ou ausência de visto ou qualquer outra maneira de ingresso irregular não acarreta a deportação, expulsão ou qualquer espécie de sanção, especialmente a devolução para o país em que corra o risco de perseguição odiosa ou grave e generalizada violação aos direitos humanos – princípio da não devolução.

▶ **Aplicação em concurso**

- *Procurador da República – MPF – 2016*
  "DENTRE OS ENUNCIADOS ABAIXO, SOMENTE ESTÃO CORRETOS:

  O estrangeiro que chegar ao território nacional poderá expressar sua vontade de solicitar reconhecimento como refugiado a qualquer autoridade migratória que se encontre na fronteira, não podendo ser deportado para Estado em que sua vida ou liberdade esteja ameaçada, em virtude de raça, religião, nacionalidade, grupo social ou opinião política, mesmo que apresente documentação de ingresso falsa ou irregular".

  Obs.: a alternativa está correta.

Art. 10

- *Promotor de Justiça – MPRO (CESPE) – 2013*
"O ingresso irregular no território nacional constitui impedimento para que o estrangeiro solicite refúgio às autoridades competentes".
Obs.: a alternativa está errada.

O princípio de que o asilado não deve ser sancionado pelo ingresso irregular no território onde busca proteção está previsto internacionalmente no art. 31, da "Convenção de 1951", no art. 5, da Convenção sobre Asilo Territorial (1954), e, em nosso ordenamento jurídico, no art. 8º, da Lei 9.474.

As pessoas que estão fugindo da perseguição odiosa, poucas vezes possuem capacidade para ingressar regularmente no país onde buscam proteção, atravessando diversos países até chegar ao destino e quase sempre se encontram em estado de vulnerabilidade, muitas vezes vítimas de *coiotes* e traficantes de pessoas, deixando de observar as normas de migração para proteger o direito à vida, integridade e liberdade.

Esta realidade na vida dos refugiados, assim como de outros solicitantes de asilo, permitiu a construção no direito internacional dos refugiados desta importante norma de proteção, assegurando que o refugiado não seja punido (como por ex. prisão, multa) ou tenha como consequência uma medida de saída compulsória pelos fatos que deram origem ao seu pedido (ex. deportação, expulsão).

Neste sentido, dispõe o art. 8º da Lei do Estatuto dos Refugiados, que o "ingresso irregular no território nacional não constitui impedimento para o estrangeiro solicitar refúgio às autoridades competentes". O art. 10 prevê os **efeitos do pedido de refúgio no ingresso irregular** desde que "demonstrado que a infração correspondente foi determinada pelos mesmos fatos que justificaram o dito reconhecimento":

> (i) **suspensão dos procedimentos de punição** pelo ingresso irregular, tanto de âmbito administrativo, quanto criminal, em face do solicitante de refúgio e das pessoas protegidas pela extensão familiar;

> (ii) **arquivamento dos procedimentos de punição**, após a concessão do refúgio;.

Desta maneira, o estado deve garantir o ingresso (mesmo que irregular ou ilegal) do solicitante de asilo e oferecer um processo devido de apreciação do seu direito, onde avaliará dentro das normas internacionais e nacionais sobre o tema, se o requerente se enquadra nas hi-

Lei nº 9.474, de 22 de julho de 1997 **Art. 10**

póteses de concessão. Desde então, não poderá devolver o requerente para país em que corre perigo de perseguição odiosa – princípio da não devolução.

A norma brasileira, no entanto, prevê uma hipótese em que apesar do solicitante de refúgio enquadrar-se no conceito de refugiado (presentes o requisito objetivo e subjetivo) o refúgio não será concedido. Trata-se do **"refugiado perigoso"**, ou seja, aquele que oferece perigo para segurança nacional. A fim de evitar subjetivismos nesta análise, o artigo deve ser interpretado em conjunto com o art. 3º, incisos III e IV[48].

Deste modo, o art. 7º, §2º, seria um reforço para excluir do conceito de refugiados, muito embora presentes os elementos e requisitos, aqueles que são considerados "perigosos". Um exemplo seria o famoso terrorista Osama Bin Laden, quando vivo, se viesse para o Brasil e tivesse solicitado refúgio, após o retorno do Rei afegão ao trono e aliado do Ocidente, certamente teria fundado termo de perseguição por motivos de opinião política, mas pela prática de terrorismo poderia ter seu refúgio negado por ser perigoso aos interesses nacionais ou mesmo aos interesses da comunidade internacional. Certamente seu destino seria a extradição.

Outro exemplo seria do traficante Joaquín Guzmán "El Chapo", que buscou refúgio na Guatemala, alegando fundado termo de perseguição pelo governo mexicano. Neste caso, certamente o fato de ser um perigoso traficante de drogas também faria o Brasil negar o pedido de refúgio e extraditá-lo ao México ou EUA.

Trata-se de uma clara demonstração de que o refúgio e os seus instrumentos de proteção não podem servir de escudo para proteção de perigosos criminosos, que atentam tanto aos princípios do estado brasileiro, quanto os da comunidade internacional. Devendo o instituto se aplicar estritamente aqueles que realmente fazem jus da proteção do refúgio, esta é a sua configuração contemporânea. Caso contrário, o refúgio poderá carregar uma marca, que em pouco tempo lhe dará inefetividade frente aos desafios da comunidade internacional em combater o crime organizado transnacional.

---

48. Art. 3º. Não se beneficiarão da condição de refugiado os indivíduos que: (...) III - tenham cometido crime contra a paz, crime de guerra, crime contra a humanidade, crime hediondo, participado de atos terroristas ou tráfico de drogas; IV - sejam considerados culpados de atos contrários aos fins e princípios das Nações Unidas.

TÍTULO III
Do Conare

Art. 11. Fica criado o Comitê Nacional para os Refugiados - CONARE, órgão de deliberação coletiva, no âmbito do Ministério da Justiça.

CAPÍTULO I
Da Competência

Art. 12. Compete ao CONARE, em consonância com a Convenção sobre o Estatuto dos Refugiados de 1951, com o Protocolo sobre o Estatuto dos Refugiados de 1967 e com as demais fontes de direito internacional dos refugiados:

I - analisar o pedido e declarar o reconhecimento, em primeira instância, da condição de refugiado;

II - decidir a cessação, em primeira instância, *ex officio* ou mediante requerimento das autoridades competentes, da condição de refugiado;

III - determinar a perda, em primeira instância, da condição de refugiado;

IV - orientar e coordenar as ações necessárias à eficácia da proteção, assistência e apoio jurídico aos refugiados;

V - aprovar instruções normativas esclarecedoras à execução desta Lei.

Art. 13. O regimento interno do CONARE será aprovado pelo Ministro de Estado da Justiça.

Parágrafo único. O regimento interno determinará a periodicidade das reuniões do CONARE.

CAPÍTULO II
Da Estrutura e do Funcionamento

Art. 14. O CONARE será constituído por:

I - um representante do Ministério da Justiça, que o presidirá;

II - um representante do Ministério das Relações Exteriores;

III - um representante do Ministério do Trabalho;

IV - um representante do Ministério da Saúde;

V - um representante do Ministério da Educação e do Desporto;

VI - um representante do Departamento de Polícia Federal;

VII - um representante de organização não-governamental, que se dedique a atividades de assistência e proteção de refugiados no País.

Lei nº 9.474, de 22 de julho de 1997

Art. 16

§ 1º O **Alto Comissariado das Nações Unidas para Refugiados - ACNUR será sempre membro convidado** para as reuniões do CONARE, com direito a voz, sem voto.

§ 2º Os membros do CONARE serão designados pelo Presidente da República, mediante indicações dos órgãos e da entidade que o compõem.

§ 3º O CONARE terá um Coordenador-Geral, com a atribuição de preparar os processos de requerimento de refúgio e a pauta de reunião.

Art. 15. A participação no CONARE será considerada serviço relevante e não implicará remuneração de qualquer natureza ou espécie.

Art. 16. O CONARE reunir-se-á com *quorum* de quatro membros com direito a voto, deliberando por maioria simples.

Parágrafo único. Em caso de empate, será considerado voto decisivo o do Presidente do CONARE.

1. Comitê Nacional para os Refugiados – CONARE

O CONARE é o **órgão colegiado e deliberativo** vinculado ao Ministério da Justiça, competente para apreciação dos pedidos de refúgio, bem como analisar as hipóteses de cessação e perda. O pedido de refúgio é realizado perante a Polícia Federal, na qualidade de órgão responsável pela política migratória, e os encaminha ao CONARE para instrução e julgamento.

No Brasil, a **ausência de uma autoridade migratória única** prejudica a análise centralizada dos diversos casos relacionados à migração mista, especialmente as situações de vulnerabilidade. A fim de solucionar o tema, a Resolução CNIg nº 08, de 19 de dezembro de 2006, recomenda ao CONARE o encaminhamento ao CNIg, dos pedidos passíveis de concessão de visto por razões humanitárias, que não sejam regulados pelo CONARE, os chamados "casos especiais ou omissos".

Após o advento da Lei da Migração, a situação se tornou ainda mais caótica em relação aos casos que não correspondem a concessão do refúgio ou do visto humanitário pelo CONARE. Isto porque, o CNIg entende que depois da entrada em vigor da Lei da Migração, a ausência de regulamentação da norma retira do CNIg a atribuição de apreciação dos vistos humanitários e de residência temporária nos chamados "casos especiais ou omissos", o que caberia, em tese, ao Ministério da Justiça.

Além disso, o CONARE exerce **função de assistência humanitária** de "orientar e coordenar as ações necessárias à eficácia da proteção, assistência e apoio jurídico aos refugiados" e outros grupos em situação de asilo ou vulnerabilidade migratória. Assim, como vem ocorrendo na migração mista decorrente da "crise venezuelana", apesar de muitas pessoas não se enquadrarem no conceito de refugiado, o CONARE em conjunto com o ACNUR e diversas ONGs vem gerenciamento a questão humanitária.

Dentre as atribuições do CONARE, destaca-se a sua **função normativa,** por meio de instruções normativas que possibilitam a execução da Lei do Estatuto dos Refugiados no Brasil. A maioria delas foi estudada ao decorrer dos comentários de cada artigo, permitindo uma análise dentro do contexto de cada tema.

2. Composição do CONARE

O CONARE é um órgão de deliberação coletiva composto por sete membros com direito a voto, possui quórum de deliberação de quatro membros e quórum de votação por maioria simples. São **membros permanentes do CONARE com direito a voto:**

(i) **cinco representantes de ministérios:** Ministério das Relações Exteriores, Ministério do Trabalho e Emprego, Ministério da Saúde, Ministério da Educação;

(ii) **um representante da Polícia Federal;**

(iii) **um representantes da sociedade civil**: ONG que se dedique às atividades de assistência e proteção dos refugiados no Brasil, no caso, atualmente, a Cáritas Diocesana de São Paulo.

A **Presidência do CONARE** é sempre ocupada pelo representante do Ministério da Justiça, pasta na qual está vinculado. O Presidente do CONARE possui voto de qualidade quando haja empate nas votações, permitindo que desempate o pleito. A função de Vice-Presidente é exercida pelo representante do Ministério das Relações Exteriores, conforme Regimento Interno do CONARE.

Além disso, o CONARE terá um Coordenador-geral, responsável **Coordenadoria Geral de Assuntos para Refugiados – CGAR**. A CGAR funciona como uma secretaria-geral do CONARE, sua função principal é a instrução do processo de refúgio, o que inclui desde o recebimento da solicitação, encaminhada pela Polícia Federal, até a realização de audiências de elegibilidade, e o preparo da pauta e das atas das reuniões.

O CONARE também é composto por **membros convidados sem direito a voto, mas com direito à voz,** porém sem compor o quórum de deliberação, para dar início às votações. O ACNUR é membro convidado

Lei nº 9.474, de 22 de julho de 1997 **Art. 21**

nato, o único com previsão legal. Outros membros podem ser convidados pelo Presidente do CONARE, além de personalidades, técnicos ou especialistas, para contribuir nas discussões e decisões do CONARE.

Os membros do CONARE e seus suplentes são indicados pelo **Presidente da República**, mediante proposta do Presidente do CONARE. Não existe previsão de sabatina no Senado Federal, como ocorrer em outros órgãos de deliberação coletiva, como o CADE e instâncias decisórias de Agência Reguladoras. Apesar do volume de trabalho e a magnitude da função, as atividades dos membros do CONARE não são remuneradas, somente sendo considerada como "serviço relevante".

TÍTULO IV
Do Processo de Refúgio

CAPÍTULO I
Do Procedimento

Art. 17. O estrangeiro deverá apresentar-se à autoridade competente e externar vontade de solicitar o reconhecimento da condição de refugiado.

Art. 18. A autoridade competente notificará o solicitante para prestar declarações, ato que marcará a data de abertura dos procedimentos.

Parágrafo único. A **autoridade competente informará o Alto Comissariado das Nações Unidas para Refugiados - ACNUR sobre a existência do processo de solicitação de refúgio** e facultará a esse organismo a possibilidade de oferecer sugestões que facilitem seu andamento.

Art. 19. Além das declarações, prestadas se necessário com ajuda de intérprete, deverá o estrangeiro preencher a **solicitação de reconhecimento como refugiado**, a qual deverá conter identificação completa, qualificação profissional, grau de escolaridade do solicitante e membros do seu grupo familiar, bem como relato das circunstâncias e fatos que fundamentem o pedido de refúgio, indicando os elementos de prova pertinentes.

Art. 20. O registro de declaração e a supervisão do preenchimento da solicitação do refúgio devem ser efetuados por funcionários qualificados e em condições que garantam o sigilo das informações.

CAPÍTULO II
Da Autorização de Residência Provisória

Art. 21. Recebida a solicitação de refúgio, o Departamento de Polícia Federal emitirá protocolo em favor do solicitante e de seu grupo familiar que se encontre no território nacional, o qual **autorizará a estada até a decisão final do processo**.

§ 1º O protocolo permitirá ao Ministério do Trabalho expedir **carteira de trabalho provisória**, para o exercício de atividade remunerada no País.

§ 2º No protocolo do solicitante de refúgio serão mencionados, por averbamento, os menores de quatorze anos.

Art. 22. Enquanto estiver pendente o processo relativo à solicitação de refúgio, ao peticionário será **aplicável a legislação sobre estrangeiros, respeitadas as disposições específicas contidas nesta Lei**.

CAPÍTULO III
Da Instrução e do Relatório

Art. 23. A autoridade competente procederá a eventuais diligências requeridas pelo CONARE, devendo averiguar todos os fatos cujo conhecimento seja conveniente para uma justa e rápida decisão, respeitando sempre o **princípio da confidencialidade**.

Art. 24. Finda a instrução, a autoridade competente elaborará, de imediato, **relatório**, que será enviado ao Secretário do CONARE, para inclusão na pauta da próxima reunião daquele Colegiado.

Art. 25. Os intervenientes nos processos relativos às solicitações de refúgio deverão guardar segredo profissional quanto às informações a que terão acesso no exercício de suas funções.

CAPÍTULO IV
Da Decisão, da Comunicação e do Registro

Art. 26. A **decisão** pelo reconhecimento da condição de refugiado será considerada **ato declaratório e deverá estar devidamente fundamentada**.

Art. 27. Proferida a decisão, o CONARE notificará o solicitante e o Departamento de Polícia Federal, para as medidas administrativas cabíveis.

Art. 28. No caso de decisão positiva, o refugiado será registrado junto ao Departamento de Polícia Federal, devendo assinar termo de responsabilidade e solicitar cédula de identidade pertinente.

CAPÍTULO V
Do Recurso

Art. 29. No caso de decisão negativa, esta deverá ser fundamentada na notificação ao solicitante, cabendo **direito de recurso ao Ministro de Estado da Justiça, no prazo de quinze dias**, contados do recebimento da notificação.

Lei nº 9.474, de 22 de julho de 1997

Art. 32

> **Art. 30.** Durante a avaliação do recurso, será permitido ao solicitante de refúgio e aos seus familiares permanecer no território nacional, sendo observado o disposto nos §§ 1º e 2º do art. 21 desta Lei.
>
> **Art. 31.** A decisão do Ministro de Estado da Justiça não será passível de recurso, devendo ser notificada ao CONARE, para ciência do solicitante, e ao Departamento de Polícia Federal, para as providências devidas.
>
> **Art. 32.** No caso de recusa definitiva de refúgio, ficará o solicitante sujeito à legislação de estrangeiros, não devendo ocorrer sua transferência para o seu país de nacionalidade ou de residência habitual, enquanto permanecerem as circunstâncias que põem em risco sua vida, integridade física e liberdade, salvo nas situações determinadas nos incisos III e IV do art. 3º desta Lei.

1. Processo de refúgio

▶ Aplicação em concurso

- *Promotor de Justiça – MPRO (CESPE) – 2013*

  "Não cabe recurso administrativo da decisão do Comitê Nacional para os Refugiados na qual se negue o reconhecimento da condição de refugiado".

  Obs.: a alternativa está errada.

- *Defensor Público Federal – DPU (CESPE) – 2007*

  "No Brasil, o reconhecimento da condição de refugiado dá-se por decisão da representação do Alto Comissariado das Nações Unidas para refugiados ou por decisão judicial".

  Obs.: a alternativa está errada.

São fases do **processo de refúgio**:

(i) Fase de solicitação: o processo de refúgio tem início com a solicitação do refúgio à autoridade migratória, no caso, a Polícia Federal, quando serão prestados termos de declarações e exercido o direito de extensão ao núcleo familiar através do preenchimento dos formulários específicos. Com o protocolo do pedido de refúgio, o solicitante de refúgio e sua família passam a receber integral proteção do Estatuto dos Refugiados e, segundo, a lei brasileira, também da legislação sobre estrangeiros (atual Lei de Migração). O protocolo serve como identificação do solicitante de refúgio. Além disso, receberá uma carteira de trabalho provisória e CPF. Os menores de 14 anos terão seu nome averbado no pedido de refúgio. Em até 15 dias, a Polícia Federal encaminhará o processo ao CGARE para instrução e, depois, julgamento pelo CONARE;

(ii) **Fase de instrução:** uma vez recebido o processo no CGARE, em 5 dias úteis comunicará o ACNUR, DPU e "representantes da sociedade civil colaboradores do CONARE que guardem relação com o caso do processo" (intervenção de 3º) da sua instauração, além disso, durante toda tramitação também os manterá informados das decisões tomadas, inclusive a Polícia Federal. Após, informará o solicitante da data da entrevista pessoal, também chamada de audiência de elegibilidade, quando serão avaliados os fatos e as provas para concessão do refúgio, sendo possível a realização de diligências necessárias. Finda a instrução, na qual deverá ser observado o princípio da confidencialidade, o CGARE elaborará relatório e encaminhará o processo ao plenário do CONARE;

(iii) **Fase de julgamento:** no plenário do CONARE as decisões são tomadas por maioria simples e quórum mínimo de 4 presentes. O presidente tem voto de qualidade, desempatando o julgado. A decisão pode ser de procedência ou improcedência acerca do pedido de refúgio. Sendo procedente, o refugiado e sua família passam a gozar de proteção do Estatuto dos Refugiados e, também, segundo a lei brasileira, da lei aplicável aos estrangeiros (atual Lei de Migração). Assim, será efetuado o Registro Nacional de Estrangeiros (RNE), documento de identificação do estrangeiro no Brasil, bem como, serão fornecidos carteira de trabalho (não mais provisória) e passaporte especial para o refugiado e sua família;

(iv) **Fase recursal:** em caso de indeferimento do pedido, será possível recorrer da decisão por meio de recurso ao Ministro da Justiça no prazo de 15 dias. O direito de revisão é consagrado na "Convenção de 1951" e acompanha o direito internacional dos refugiados desde o seu nascedouro. Por fim, caso o indeferimento se mantenha, o solicitante de refúgio e sua família podem ingressar com ação judicial objetivando a revisão do ato administrativo, e, deste modo, a concessão judicial do refúgio.

2. **Ato discricionário ou vinculado? Caso Cesare Battisti**

A partir da Constituição de 1988, no **processo administrativo**, *mutatis mutandi*, devem ser assegurados todos os direitos e garantias do processo judicial, notadamente, o devido processo legal, ampla defesa e contraditório, motivação das decisões, publicidade, dever de colaboração e participação, e a inafastabilidade do controle jurisdicional.

Lei nº 9.474, de 22 de julho de 1997 **Art. 32**

▶ Aplicação em concurso

• *Juiz Federal Substituto – TRF 2ª Região - 2014*

"I - O refúgio é medida inspirada em razões humanitárias, de natureza administrativa, cuja concessão é disciplinada em lei, de natureza vinculada, e se destina a proteger pessoas vítimas de perseguição por pertencerem a determinado grupo, seja étnico, religioso, nacional, ou de opiniões políticas, entre outros.

II - O asilo é medida política, de natureza discricionária, e alberga quem sofra perseguição individual, e está referido na Constituição da República Federativa do Brasil.

IV- A decisão do Comitê Nacional para Refugiados, que indefere o pedido de refúgio, é passível de controle judicial por juiz federal de primeiro grau."

Obs.: todas as alternativas estão corretas.

• *Juiz Federal Substituto – TRF 1ª Região (CESPE) – 2014*

"A concessão de refúgio é medida discricionária, ao passo que a concessão de asilo depende do preenchimento de determinados requisitos pelo solicitante".

Obs.: a alternativa está errada.

▶ Jurisprudência

• **STF**

"Refúgio ao extraditando. Concessão no curso do processo, pelo Ministro da Justiça. Ato administrativo vinculado. Não correspondência entre os motivos declarados e o suporte fático da hipótese legal invocada como causa autorizadora da concessão de refúgio. Contraste, ademais, com norma legal proibitiva do reconhecimento dessa condição. Nulidade absoluta pronunciada. Ineficácia jurídica conseqüente. (...) Eventual nulidade absoluta do ato administrativo que concede refúgio ao extraditando deve ser pronunciada, mediante provocação ou de ofício, no processo de extradição".

(Ext 1085, Plenário, Rel. Min. Cezar Peluso, julgado em 16/12/2009)

"1. In casu, cidadão israelense ingressa no Brasil com visto para turismo, mas solicita permanência como refugiado, ao argumento de sofrer perseguição religiosa. Após se esgotarem as instâncias administrativas no Conare, entra com ação ordinária sob o fundamento de que o conflito armado naquele país, por ser notória, enseja automática concessão de status de refugiado. 2. O refúgio é reconhecido nas hipóteses em que a pessoa é obrigada a abandonar seu país por algum dos motivos elencados na Convenção

Relativa ao Estatuto dos Refugiados de 1957 e cessa no momento em que aquelas circunstâncias deixam de existir. Exegese dos arts. 1º, III, e 38, V, da Lei 9.474/97. 3. A concessão de refúgio, independentemente de ser considerado ato político ou ato administrativo, não é infenso a controle jurisdicional, sob o prisma da legalidade. 4. Em regra, o Poder Judiciário deve limitar-se a analisar os vícios de legalidade do procedimento da concessão do refúgio, sem reapreciar os critérios de conveniência e oportunidade. Precedentes do STJ. 5. Em casos que envolvem políticas públicas de migração e relações exteriores, mostra-se inadequado ao Judiciário, tirante situações excepcionais, adentrar as razões que motivam o ato de admissão de estrangeiros no território nacional, mormente quando o Estado deu ensejo à ampla defesa, ao contraditório e ao devido processo legal a estrangeiro cujo pedido foi regularmente apreciado por órgão formado por representantes do Departamento de Polícia Federal; do Alto Comissariado das Nações Unidas para Refugiados (Acnur) e dos Ministérios da Justiça, das Relações Exteriores, do Trabalho, da Saúde, da Educação e do Desporto, nos termos do art. 14 da Lei 9.474/1997. Precedentes do STJ e do STF. 6. A tendência mundial é no sentido da restrição do papel do Poder Judiciário no que tange à análise das condições para concessão de asilo. Precedentes do Direito Comparado. 7. No Direito Internacional Público, o instituto jurídico do refúgio constitui exceção ao exercício ordinário do controle territorial das nações, uma das mais importantes prerrogativas de um Estado soberano. Cuida de concessão ad cautelam e precária de parcela da soberania nacional, pois o Estado-parte cede temporariamente seu território para ocupação por não súdito, sem juízo de conveniência ou oportunidade no momento da entrada, pois se motiva em situação delicada, em que urgem medidas de proteção imediatas e acordadas no plano supranacional. 8. O refúgio, por ser medida protetiva condicionada à permanência da situação que justificou sua concessão, merece cautelosa interpretação, justamente porque envolve a regra internacional do respeito aos limites territoriais, expressão máxima da soberania dos Estados, conforme orienta a hermenêutica do Direito Internacional dos Tratados. Exegese conjunta dos arts. 1º, alínea "c", item 5, da Convenção Relativa ao Estatuto dos Refugiados de 1957 e 31, item 3, alínea "c", da Convenção de Viena sobre o Direito dos Tratados de 1969. 9. Não se trata de fechar as portas do País para a imigração - mesmo pelo fato notório de que os estrangeiros sempre foram bem-vindos no Brasil -, mas apenas de pontuar o procedimento correto quando a hipótese caracterizar intuito de imigração, e não de refúgio". (RESP 200902487335, 2ª Turma, Rel. Min. Herman Benjamin DJE 28/02/2012)

Lei nº 9.474, de 22 de julho de 1997 **Art. 32**

Acerca da **natureza jurídica do ato de concessão do refúgio**, se ato discricionário ou ato vinculado, o Supremo Tribunal Federal (STF), no *Caso Cesare Battisti* (EXT 1085), após intenso debate, solucionou a questão afirmando que se trata de ato vinculado, após a concretização dos conceitos jurídicos indeterminados pelo aplicador da norma, não havendo margem de escolha pelo interprete, devendo se limitar aos cânones do conceito.

Assim, segundo o STF, o ato de concessão do asilo é **ato vinculado** nos termos da norma convencional ou da legislação interna, mas a exegese da vinculação deve ser compreendida de acordo com a teoria dos graus de vinculação à juridicidade. Nas lições de Gustavo Binenbojm, expressamente citado no voto-redator do Min. Luiz Fux, "não mais permite falar, tecnicamente, numa autêntica dicotomia entre atos vinculados e discricionários, mas, isto sim, em diferentes graus de vinculação dos atos administrativos à juridicidade".

Então, para o Supremo Tribunal Federal (STF), a causa de concessão do asilo ou do refúgio é um conceito jurídico indeterminado, que demanda a concretização do interprete através de ato vinculado, apesar da sua fluidez, segundo os elementos desta doutrina pós-moderna, que classifica os atos administrativos segundo a sua juridicidade e não quanto a margem de escolha dos elementos, como dividia a doutrina clássica administrativista em dividiam os atos discricionários, jurídicos (e também políticos: alto grau de discricionariedade). Portanto, segundo esta doutrina, quando o interprete estiver diante de um conceito jurídico indeterminado, o ato será vinculado.

▶ **Aplicação em concurso**

- *Juiz Federal – TRF 3ª Região – 2016*

    "A decisão sobre a concessão de asilo ou refúgio tem caráter discricionário e compete ao Poder Executivo, pois tem reflexos no plano das relações internacionais do Estado."

    Obs.: a alternativa foi marcada como correta.

Para efeitos de prova, o candidato deve responder que: segundo o STF, o ato de concessão do refúgio é um ato vinculado correspondente à concretização de um conceito jurídico indeterminado, ficando o interprete limitado às balizas traçadas pelo legislador ou pela convenção internacional. No entanto, em posição contrária ao STF, na prova de Juiz Federal do TRF da 3ª Região de 2016, o examinador entendeu que o ato de refúgio e asilo é ato discricionário.

Portanto, a dica que se dá é que em regra deve-se responder na prova objetiva que o refúgio é ato vinculado, consoante entendimento do STF, mas caso a questão traga elementos que conduzem a resposta doutrinária de que é ato discricionário, deve ser marcada esta assertiva. De qualquer forma, jamais será ato discricionário político, uma alternativa como está estará sempre errada quanto ao refúgio.

Outra importante contribuição do *Caso Cesare Battisti*, versa sobre a **possibilidade de análise judicial das decisões tomadas pelo CONARE**. O STF consolidou a jurisprudência de que a decisão sobre a concessão (deferimento/indeferimento) do pedido de refúgio (ou qualquer espécie de asilo) pode ser submetida a apreciação do Poder Judiciário

Trata-se de uma evolução do tema no direito brasileiro, onde parte da doutrina e da jurisprudência compreende (equivocadamente) que os atos de Chefia de Estado ou mesmo os atos típicos das relações internacionais são insindicáveis pelo Poder Judiciário, fruto da teoria dos espaços jurisdicionais vazios, onde o mérito judicial não poderia adentrar ao mérito do político.

Na verdade, como se observa ao estudar o asilo e suas espécies (asilo diplomático, refúgio, visto humanitário) estamos diante de um direito exercido frente ao estado, o que não se confunde com o ato político nas relações internacionais. Pois aqui, não se está diante de uma relação entre o Brasil e outro estado, mas do nosso país e um ser humano frente o compromisso de proteção internacional. Portanto, estamos diante de uma relação entre o Brasil e a comunidade internacional em que caso não sejam respeitadas as normas de direitos humanos, nosso país pode ser responsabilizado pelas diversas instâncias internacionais.

Resumindo o *Caso Cesare Battisti*: o refúgio foi concedido pelo Ministro da Justiça, após recurso em face da decisão do CONARE, que entendeu pela ausência das causas para concessão do refúgio. No processo de extradição, suspenso pelo pedido de refúgio, o STF anulou a decisão de concessão do refúgio e entendeu que o ato é vinculado determinante de conceito jurídico indeterminado pela norma (superando a clássica dicotomia entre ato discricionário e vinculado). Além disso, entendeu que o Battisti deveria ser extraditado pela Itália, após análise do tratado de extradição com o nosso país. No entanto, o Presidente da República, o então Presidente Luiz Inácio Lula da Silva, acatando parecer da Advocacia-Geral da União (AGU) deixa de entregar do cidadão italiano, em última palavra, denegando a extradição – ato abalizado pelo STF, reconhecendo a discricionariedade política do Chefe de Estado.

Lei nº 9.474, de 22 de julho de 1997

Art. 32

Assim, Cesare Battisti sem a condição de refugiado, mas com a extradição negada pelo Presidente da República, passou a gozar de visto permanente. Em 2015, atendendo ao pedido do Ministério Público Federal, a Justiça Federal de 1º Grau reconheceu a nulidade na concessão do visto permanente e determinou a deportação de Battisti, sob o fundamento de que o estrangeiro em situação irregular está sujeito à deportação, conforme previa o então vigente Estatuto do Estrangeiro.

Em sede de recurso, o Tribunal Regional Federal da 1ª Região reformou a decisão, sob o fundamento de que a competência para questão seria do STF e de que não se admite deportação nas hipóteses de não extradição. Como no caso o Presidente da República entendeu pela não devolução, não poderia o estrangeiro ser deportado. O acórdão acabou não tocando em um ponto importante, que o asilo também pode ser concedido de maneira implícita. Se em regra o **asilo** é concedido de **forma explícita**, a doutrina nos adverte de que também existe a **forma implícita** de concessão do asilo[49].

Em 2016, Battisti impetrou um *habeas corpus* preventivo no STF objetivando que não fosse devolvido à Itália, o Min. Luiz Fux indeferiu o pedido sob o fundamento de que se trata de um ato discricionário do Presidente da República (expulsão) e da Polícia Federal (deportação). O que a defesa de Battisti visava era evitar um procedimento que ocorre dentro do Ministério da Justiça, desde a mudança de governo, visando a sua extradição.

Neste ano, Battisti tentou atravessar a fronteira com a Bolívia, na região de Corumbá, Mato Grosso do Sul. Quando, então, foi apreendido com moeda estrangeira não declarada e superior a legalmente permitida. O curioso é que a audiência de custódia foi o último ato do famoso juiz Odilon de Oliveira antes da aposentadoria. O juiz ficou famoso por morar no fórum da Justiça Federal em Ponta Porã, divisa entre o Paraguai e o Mato Grosso do Sul, após diversas ameaças de morte pelo crime organizado. Contudo, em sua decisão pela manutenção da prisão, o juiz equivocou-se em seus fundamentos, ao argumentar que Cesare Battisti gozava da condição de refugiado e não poderia sair do Brasil sem autorização[50]. No TRF da 3ª Região, a decisão foi revista e Battisti liberado.

---

49. LETTIERI, Martín (org.). Protección internacional de refugiados em el Sur de Sudamérica. Remedios de Escalada, Argentina: Universidade Nacional de Lanús, 2012.

50. Primeiro, porque Cesare Battisti não ostenta a condição de refugiado, como se viu, o STF decidiu que não existia amparo para concessão do refúgio. Além disto, Battisti está no Brasil somente porque o Presidente da República, à época, Luiz Inácio Lula da Silva,

Art. 33

ESTATUTO DOS REFUGIADOS – *Eduardo Paredes*

A partir deste fato, o pedido de extradição foi reavivado no STF e a AGU deu parecer pela sua extradição. No entanto, a 1º Turma do STF através da relatoria do Min. Luiz Fux adiou a decisão sobre o caso, em razão de um pedido de habeas corpus da defesa, recebido como reclamação pelo relator. Provavelmente o caso será submetido ao pleno para análise de todos os ministros da Corte, diante da justificativa dada pelo Min. Fux para o adiamento do julgamento. O que demonstra que a discussão sobre o ativista político, como defendem alguns, ou "terrorista", para outros, está longe de um fim!

3. Autorização de residência provisória

O **protocolo do Termo de Solicitação** é prova suficiente da condição de solicitante de refúgio e serve como identificação do seu titular, assegurando ao refugiado e sua família (através do exercício do direito de extensão) a proteção do direito internacional dos refugiados e das normas constantes em nossa Constituição de 1988, na Lei do Estatuto dos Refugiados e na Lei de Imigração, até o trânsito em julgado do processo administrativo.

Com o protocolo, o refugiado passará a ostentar a condição de **solicitante de refúgio** (*asylum seeker*) e passará ostentar praticamente todos os direitos assegurados ao refugiado, e também, segundo nossa legislação, aos estrangeiros em geral. O protocolo serve como documento de identificação do solicitante de refúgio e dos membros de sua família, além disso, receberão carteira de trabalho provisória para exercício de atividade remunerado e CPF.

TÍTULO V
Dos Efeitos do Estatuto de Refugiados Sobre a Extradição e a Expulsão

CAPÍTULO I
Da Extradição

Art. 33. O reconhecimento da condição de refugiado obstará o seguimento de qualquer pedido de extradição baseado nos fatos que fundamentaram a concessão de refúgio.

Art. 34. A solicitação de refúgio suspenderá, até decisão definitiva, qualquer processo de extradição pendente, em fase administrativa ou judicial, **baseado nos fatos que fundamentaram a concessão de refúgio.**

---

resolveu não extraditá-lo. E mesmo se estivesse aqui na condição de refugiado, no caso em tela, não precisaria de autorização, como poder ser observado nos comentários sobre as "hipóteses de perda da condição de refugiado".

Lei nº 9.474, de 22 de julho de 1997

Art. 37

> **Art. 35.** Para efeito do cumprimento do disposto nos arts. 33 e 34 desta Lei, a solicitação de reconhecimento como refugiado será comunicada ao órgão onde tramitar o processo de extradição.
>
> ### CAPÍTULO II
> #### Da Expulsão
>
> **Art. 36. Não será expulso do território nacional** o refugiado que esteja regularmente registrado, salvo por motivos de segurança nacional ou de ordem pública.
>
> **Art. 37.** A expulsão de refugiado do território nacional não resultará em sua retirada para país onde sua vida, liberdade ou integridade física possam estar em risco, e apenas será efetivada quando da certeza de sua admissão em país onde não haja riscos de perseguição.

1. Princípio da não devolução: medidas de retirada compulsória e extradição

O **princípio da não devolução,** do não rechaço ou *non-refoulement*, foi inicialmente consagrado pelo direito internacional dos refugiados e depois espraiado a outros feixes de proteção do direito internacional dos direitos humanos. O que se proíbe (ou se protege) é a devolução ou o retorno involuntário fundado no temor de perseguição odiosa ou outra violação de direitos humanos em seu país de origem ou em outro que possa sofrê-la.

Além disso, o princípio da não devolução ou a proteção contra não devolução tem **aplicação ampla no direito internacional,** com previsão na "Convenção de 1951", além de diversos outros instrumentos internacionais de proteção dos direitos humanos, como a Convenção contra a Tortura e outros Tratamentos ou Penas Cruéis, Desumanos ou Degradantes (art. 3) e na Convenção Interamericana para Prevenir e Punir a Tortura (art. 13).

▶ **Aplicação em concurso**

- *Procurador da República – MPF – 2012*

    "ESPANCADA REGULARMENTE POR SEU MARIDO DURANTE DEZ ANOS, A PONTO DE SER INTERNADA COM GRAVES FERIMENTOS EM HOSPITAL, A SENHORA RODI ALVARADO PEÑA, GUATEMALTECA, FUGIU DE SEU PAÍS PARA OS ESTADOS UNIDOS DA AMÉRICA, ONDE PEDIU ASILO. ESTE LHE FOI CONCEDIDO EM PRIMEIRO GRAU E REVERTIDO DEPOIS. SOMENTE APÓS QUATORZE ANOS DE LITIGÂNCIA CONSEGUIU VER RECONHECIDO SEU DIREITO DE PERMANECER NOS ESTADOS UNIDOS

DA AMÉRICA PARA SE PROTEGER DE SEU MARIDO. ESTE NOTÓRIO CASO É UM EXEMPLO DE:

A) aplicação, embora tardia, da Convenção de Belém do Pará;

B) da limitação da Convenção da ONU contra a Tortura, principalmente no que diz respeito à garantia do *non-réfoulement* (art. 3°);

C) não-aplicabilidade da Convenção das Nações Unidas Relativa ao Estatuto dos Refugiados de 1951;

D) garantia, pela Guatemala, de eficácia horizontal do direito à vida e do direito à integridade física".

Obs.: a alternativa "b" está correta.

O princípio da não devolução não precisa sequer estar previsto em um tratado internacional, trata-se de um **costume internacional** e também norma do ***jus cogens*** (norma imperativa e superior da ordem internacional). Inclusive, a natureza de norma do *jus cogens* vem sendo reconhecida na América Latina nos diversos documentos elaborados nos encontros referentes à Declaração de Cartagena (1984), os chamados Planos de Ação, do México (Cartagena +10, 2004) e do Brasil (Cartagena +30, 2014).

Deve ser ressaltado, que o princípio da não devolução deve ser **observado mesmo antes do ingresso no território de proteção**, proibindo o rechaço em zona de fronteira ou mesmo em águas internacionais, como ocorreu no *Caso sobre a interceptação de haitianos em alto-mar pelos Estados Unidos* (Comitê Haitiano de Direitos Humanos e Outros vs. EUA, 1997), decidido pela Comissão Interamericana de Direitos Humanos.

Com base na "Convenção de 1951", a Comissão elaborou seu informe afirmando que os Estados Unidos (ou nenhum país) poderia interceptar pessoas em alto-mar (no caso diversos haitianos) para evitar o pedido de asilo e a consequente aplicação do princípio da não devolução. O argumento norte-americano era de que os haitianos não teriam direito, uma vez que não estavam em território estadunidense, o que foi afastado pela Comissão.

O **princípio da não devolução veda qualquer medida de retirada compulsória que possa colocar em risco o refugiado**. As medidas de retirada compulsória estão previstas na Lei de Migração, sendo elas: repatriação, deportação e expulsão. Contudo, a lei dos refugiados prevê uma exceção, a expulsão do solicitante de refúgio ou o refugiado por motivos de segurança nacional ou de ordem pública, o chamado "refugiado nocivo".

Lei nº 9.474, de 22 de julho de 1997 **Art. 37**

▶ Aplicação em concurso

• *Procurador da República – MPF – 2011*

"ENTENDE-SE POR PRINCÍPIO DE NON-REFOULEMENT, EM ACEPÇÃO MAIS AMPLA,

A) ( ) a proibição de deportar refugiado para lugar onde corre risco de vida;

B) ( ) a proibição, para Estados, de retirada de estrangeiro de seu território, quando este corre risco de perseguição política;

C) ( ) a proibição, para Estados, de devolver estrangeiro a lugar onde sua vida ou liberdade estão ameaçadas;

D) ( ) a proibição de extradição de refugiado para Estado que possa vir a torturá-lo".

Obs.: a alternativa "c" está correta. A acepção mais ampla envolve além da vida e integridade física, também a liberdade.

De qualquer maneira, mesmo na hipótese do "refugiado nocivo", os direitos humanos não podem ser violados, devendo ser respeitado o **princípio da não devolução em sua acepção ampla**. Em outras palavras, a expulsão ou qualquer medida de retirada compulsória não poderá acarretar a "retirada para país onde sua vida, liberdade ou integridade física possam estar em risco, e apenas será efetivada quando da certeza de sua admissão em país onde não haja riscos de perseguição", mesmo se tratando de pessoa perigosa para segurança nacional ou para ordem pública.

▶ Aplicação em concurso

• *Juiz Federal – TRF 3ª Região – 2016*

"O estrangeiro que obtiver a concessão de refúgio ou asilo torna-se imune à extradição, se o pedido desta decorrer das mesmas razões pelas quais foi concedido o refúgio ou asilo".

Obs.: a alternativa está correta.

• *Juiz Federal Substituto – TRF 2ª Região - 2014*

"O pedido de refúgio impede o prosseguimento do processo de extradição".

Obs.: a alternativa está correta.

• *Promotor de Justiça – MPRO (CESPE) – 2013*

"De acordo com o STF, o reconhecimento da condição de refugiado, sendo ato vinculado, não obsta o seguimento de eventual pedido de extradição baseado nos fatos que fundamentaram a concessão do refúgio, se esses fatos estiverem em desacordo com os requisitos previstos em lei".

Obs.: a assertiva está correta. A alternativa foi retirada da decisão proferida pelo STF na Ext. 1.008-5. Ressalta-se que a assertiva estaria errada, se não constasse a parte final: "se esses fatos estiverem em desacordo com os requisitos previstos em lei".

- *Procurador Federal – AGU (CESPE) – 2013*

  "Julgue os itens que se seguem de acordo com a jurisprudência do STF.

  O reconhecimento superveniente de status de refugiado obsta o prosseguimento de processo extradicional que tenha implicações com os motivos do deferimento do refúgio".

  Obs.: a alternativa está correta.

- *Juiz Estadual– TJPA (FGV) – 2009*

  "O reconhecimento da situação de refugiado pelo Poder Executivo não impede a extradição, se o estrangeiro estiver sendo acusado de crime comum que não tenha qualquer pertinência com os fatos considerados para a concessão do refúgio".

  Obs.: a alternativa está correta.

- *Defensor Público Federal – DPU (CESPE) – 2004*

  "A solicitação de refúgio suspenderá, até decisão definitiva, qualquer processo de extradição pendente, em fase administrativa ou judicial, com base nos fatos que fundamentaram o pedido de reconhecimento da condição de refugiado. Para tanto, essa solicitação deverá ser comunicada ao órgão em que tramitar o mencionado processo de extradição".

  Obs.: a alternativa está correta.

Outrossim, o **pedido de refúgio obsta o seguimento do processo extradicional**, desde que baseado nas mesmas causas que deram origem ao refúgio. Caso a extradição verse sobre crimes que não fundamentaram o pedido de refúgio, mesmo assim, deve ser aplicado o princípio da não devolução. Deste modo, não deve ser permitido que uma pessoa seja extraditada para um país onde corre risco de perseguição odiosa ou violação maciça e sistemática de direitos humanos. A cooperação jurídica internacional deve encontrar limites no direito internacional dos direitos humanos, em seus três feixes de proteção, dentre os quais se inclui o direito internacional dos refugiados.

▶ **STF:**

"EXTRADIÇÃO. DOCUMENTO DE REFUGIADO EXPEDIDO PELO ALTO COMISSARIADO DA ONU (ACNUR). CONARE. RECONHECIMENTO DA CONDIÇÃO DE REFUGIADO PELO MINISTRO DA JUSTIÇA. PRINCÍPIO

Lei nº 9.474, de 22 de julho de 1997

Art. 37

DO NON REFOULEMENT. INDEFERIMENTO. 1. Pedido de extradição formulado pelo Governo da Argentina em desfavor do nacional argentino GUSTAVO FRANCISCO BUENO pela suposta prática dos crimes de privação ilegítima da liberdade agravada e ameaças. 2. No momento da efetivação da referida prisão cautelar, apreendeu-se, em posse do extraditando, documento expedido pelo Alto Comissariado da ONU para Refugiados - ACNUR dando conta de sua possível condição de refugiado. 3. O Presidente do Comitê Nacional para os Refugiados - CONARE atesta que o extraditando é um refugiado reconhecido pelo Governo Brasileiro, conforme o documento n. 326, datado de 12.06.1989. 4. O fundamento jurídico para a concessão ou não do refúgio, anteriormente à Lei 9.474/97, eram as recomendações do ACNUR e, portanto, o cotejo era formulado com base no amoldamento da situação concreta às referidas recomendações, resultando daí o deferimento ou não do pedido de refúgio. 5. O extraditando está acobertado pela sua condição de refugiado, devidamente comprovado pelo órgão competente - CONARE -, e seu caso não se enquadra no rol das exceções autorizadoras da extradição de agente refugiado. 6. Parecer da Procuradoria Geral da República pela extinção do feito sem resolução de mérito e pela imediata concessão de liberdade ao extraditando. 7. Extradição indeferida. 8. Prisão preventiva revogada".

(Ext 1170, Plenário, Rel. Min. Ellen Gracie, 18.03.2010)

"O Alto Comissariado das Nações Unidas (ACNUR), no Manual de Procedimentos e Critérios para Determinar a Condição de Refugiado de acordo com a Convenção de 1951 e o Protocolo de 1967 relativos ao Estado dos Refugiados, estabeleceu nítida distinção entre perseguido e punido por infração penal comum, in litteris: 'Deve-se distinguir perseguição de punição prevista por infração de direito comum. As pessoas que fogem de procedimentos judiciais ou à punição por infrações desta natureza não são normalmente refugiados. Convém lembrar que um refugiado é uma vítima – ou uma vítima potencial – da injustiça e não alguém que foge da justiça.' 4. Os delitos, in casu, são de natureza comum, circunstância apta a elidir a alegação de perseguição política; 4.1. Deveras, a periculosidade do agente extrai-se do fato de explosão do presídio em seu país. 5. A simples intenção de protocolar ou a própria protocolação do pedido de refúgio de sua esposa não é suficiente para suspender ou inviabilizar o pedido de extradição, máxime por seu requisito intuitu personae inservível ao extraditando".

(Ext 1382, 1ª Turma, Rel. Min. Luiz Fux, 20.10.2015)

O **STF vem aplicando o princípio da não devolução nos processos extradicionais**, contudo, o tribunal vem fazendo distinção entre os crimes comuns e os delitos políticos para o reconhecimento do refúgio, fundamentando a aplicação do princípio da não devolução apenas aos crimes de natureza política. No entanto, tal distinção se aplica para o asilo político, onde os crimes comuns não obstam a extradição, somente os crimes políticos.

No refúgio, o que importa é se o crime tem relação direta com a causa que deu origem ao refúgio, seja crime comum ou político. Se tem relação direta, a extradição deve ser indeferida. Se não tem tal relação, a extradição pode ocorrer, mas desde que não haja riscos de comprometer a vida, a integridade física ou liberdade do indivíduo, porque como vimos, o princípio da não devolução se aplica mesmo quando não reconhecida a condição de refugiado.

Contudo, ressalta-se, que o simples cumprimento de pena por crime comum, em uma situação de normalidade no estado requerente, não pode servir de motivo para aplicação do princípio, caso contrário, haveria uma banalidade da proteção e se criaria um escudo contra o devido processo penal, a adequada persecução criminal e responsabilização penal também é um direito humano da vítima e da sociedade.

TÍTULO VI
Da Cessação e da Perda da Condição de Refugiado

CAPÍTULO I
Da Cessação da Condição de Refugiado

Art. 38. Cessará a condição de refugiado nas hipóteses em que o estrangeiro:

I - voltar a valer-se da proteção do país de que é nacional;

II - recuperar voluntariamente a nacionalidade outrora perdida;

III - adquirir nova nacionalidade e gozar da proteção do país cuja nacionalidade adquiriu;

IV - estabelecer-se novamente, de maneira voluntária, no país que abandonou ou fora do qual permaneceu por medo de ser perseguido;

V - não puder mais continuar a recusar a proteção do país de que é nacional por terem deixado de existir as circunstâncias em conseqüência das quais foi reconhecido como refugiado;

VI - sendo apátrida, estiver em condições de voltar ao país no qual tinha sua residência habitual, uma vez que tenham deixado de existir as circunstâncias em conseqüência das quais foi reconhecido como refugiado.

Lei nº 9.474, de 22 de julho de 1997

Art. 41

CAPÍTULO II
Da Perda da Condição de Refugiado

Art. 39. Implicará perda da condição de refugiado:

I - a renúncia;

II - a prova da falsidade dos fundamentos invocados para o reconhecimento da condição de refugiado ou a existência de fatos que, se fossem conhecidos quando do reconhecimento, teriam ensejado uma decisão negativa;

III - o exercício de atividades contrárias à segurança nacional ou à ordem pública;

IV - a saída do território nacional sem prévia autorização do Governo brasileiro.

Parágrafo único. Os refugiados que perderem essa condição com fundamento nos incisos I e IV deste artigo serão enquadrados no regime geral de permanência de estrangeiros no território nacional, e os que a perderem com fundamento nos incisos II e III estarão sujeitos às medidas compulsórias previstas na Lei nº 6.815, de 19 de agosto de 1980.

CAPÍTULO III
Da Autoridade Competente e do Recurso

Art. 40. Compete ao CONARE decidir em primeira instância sobre cessação ou perda da condição de refugiado, cabendo, dessa decisão, recurso ao Ministro de Estado da Justiça, no prazo de quinze dias, contados do recebimento da notificação.

§ 1º A notificação conterá breve relato dos fatos e fundamentos que ensejaram a decisão e cientificará o refugiado do prazo para interposição do recurso.

§ 2º Não sendo localizado o estrangeiro para a notificação prevista neste artigo, a decisão será publicada no Diário Oficial da União, para fins de contagem do prazo de interposição de recurso.

Art. 41. A decisão do Ministro de Estado da Justiça é irrecorrível e deverá ser notificada ao CONARE, que a informará ao estrangeiro e ao Departamento de Polícia Federal, para as providências cabíveis.

1. Cláusulas de cessação

Uma vez estudadas as cláusulas de inclusão e de exclusão (v. art. 3º), passaremos agora ao estudo das **cláusulas de cessação**, ou seja, as hipóteses em que cessa a proteção do Estatuto dos Refugiados, não havendo mais necessidade de proteção. São elas:

(i) **Aquisição de nova nacionalidade:** envolve a hipótese do inciso III *"adquirir nova nacionalidade e gozar da proteção do país cuja nacionalidade adquiriu"*. Ao adquirir uma nova nacionalidade e a proteção decorrente desta nacionalidade, o refugiado não necessita mais de proteção internacional do Estatuto dos Refugiados, passando a receber proteção do Estatuto Jurídico Constitucional, assim como os demais nacionais. Trata-se por ex. do refugiado que se naturaliza brasileiro;

(ii) **Reaquisição voluntária da nacionalidade perdida:** refere-se à hipótese do inciso II *"recuperar voluntariamente a nacionalidade outrora perdida"*. A reaquisição da nacionalidade perdida somente pode ser considerada cláusula de cessação do refúgio nas hipóteses: (a) em que a perda dessa nacionalidade pode ser considerada um dos motivos da perseguição ou como consequência dela; (b) em que tenha dupla nacionalidade e no momento em que solicitou o refúgio ainda não tinha readquirido a nacionalidade. Trata-se por ex. de um libanês refugiado no Brasil, mas que filho de brasileiro nascido no estrangeiro, ainda não tenha optado pela nacionalidade brasileira;

(iii) **Retorno voluntário:** hipótese do inciso IV *"estabelecer-se novamente, de maneira voluntária, no país que abandonou ou fora do qual permaneceu por medo de ser perseguido"*. Trata-se de uma forma de desistir da proteção internacional, assumindo o refugiado o risco da perseguição, o que destaca que o refúgio é um ato voluntário e não um aprisionamento;

(iv) **Cessação das causas que deram origem ao refúgio:** envolve as hipóteses descritas no incisos I *"voltar a valer-se da proteção do país de que é nacional"*, V *"não puder mais continuar a recusar a proteção do país de que é nacional por terem deixado de existir as circunstâncias em conseqüência das quais foi reconhecido como refugiado"* e VI *"sendo apátrida, estiver em condições de voltar ao país no qual tinha sua residência habitual, uma vez que tenham deixado de existir as circunstâncias em conseqüência das quais foi reconhecido como refugiado"*. As causas que deram origem ao refúgio (cláusulas de inclusão) não mais persistem, assim, a situação temporária do refúgio chega ao fim, passando da condição de refugiado (*refugee*) para retornado (*returnee*);

2. Hipóteses de perda da condição de refugiado

Neste dispositivo são tratadas as hipóteses de perda da condição de refugiado, em que a proteção do Estatuto dos Refugiados é afastada, po-

Lei nº 9.474, de 22 de julho de 1997 **Art. 41**

dendo permanecer no território nacional, mas sujeito às normas do Estatuto do Estrangeiro (agora, Lei de Migração), ou devendo sair do território nacional por uma das medidas de saída compulsória (agora, medidas de retirada compulsória), a depender da causa.

Não existe uma classificação doutrinária de **cláusulas de perda**, do mesmo modo que existem as chamadas cláusulas de inclusão, exclusão e cessação. No entanto, nada impede de acrescentarmos estas hipóteses no rol classificatório da lei brasileira, a despeito da ausência de previsão no âmbito internacional, especialmente na "Convenção de 1951".

São cláusulas de perda da condição de refugiado, quanto a sua consequência:

(i) Permanência em território nacional:

(a) saída do território nacional sem autorização: a aplicação do Estatuto dos Refugiados gera direitos e deveres ao refugiado, um deles é o de comunicação prévia ao CONARE com 60 dias de antecedência[51], quando pretenda sair do território nacional, como por ex. uma viagem internacional. Isto se deve ao fato de que a partir da concessão do refúgio, o Brasil tem responsabilidade internacional sobre aquele indivíduo. A questão foi regulamentada pela *Resolução CONARE nº 23, de 30 de setembro de 2016*, estabelecendo que o passaporte concedido ao refugiado serve como autorização de viagem, salvo para viagens ao país de origem ou utilização do passaporte do país de origem, bem como para qualquer país, quando o afastamento do território nacional dure mais de 12 meses; nestes casos, o refugiado deve solicitar a *autorização de viagem* expressamente ao CONARE;

(b) renúncia: o refugiado pode renunciar a proteção do Estatuto dos Refugiados e, assim, perderá esta condição. O refúgio não pode ser um ato de aprisionamento, deve ser voluntário.

(ii) Aplicação de medidas de retirada compulsória do território nacional:

(a) falsidade ou omissão de fatos que ensejariam o não conhecimento da condição de refugiado: o refugiado não será punido por qualquer ato de ingresso ilegal, inclusive quanto a

---

51. O prazo está previsto no art. 13 da Resolução CONARE nº 18/2014.

documentos falsificados ou omissão de informações perante o setor migratório, possuindo imunidade penal e administrativa pela prática destes atos. Uma outra situação envolve o solicitante de refúgio ou quem teve o seu pedido deferido com base em provas falsas ou informações omitidas para receber o refúgio, quando perderá a condição de refugiado, como ex. inventa uma perseguição que não ocorrera, falsifica passaporte com nome de outra pessoa para esconder condenação por crime de guerra, ou sonega a informação de que pertence a um grupo terrorista[52].

(b) atividades contrárias à segurança nacional ou à ordem pública: quando praticar atos contrários à segurança nacional ou à ordem pública pode perder a sua condição de refugiado, como por ex. o refugiado passa a integrar grupo terrorista.

A Resolução CONARE nº 18, de 30 de abril de 2014, prevê a instauração de **processo administrativo perante o CONARE para determinar a perda da condição de refugiado**, notificando o interessado para apresentação de defesa (prazo de 15 dias) e da decisão que implicar a perda cabe recurso para o Ministro da Justiça (prazo de 15 dias). Da decisão do ministro de estado não cabe recurso, podendo, se for o caso, ingressar judicialmente pedindo a anulação do ato administrativo, inclusive com pedido liminar ou de tutela de urgência para manter a condição de refugiado.

Após a **decisão que implica a perda da condição de refugiado**, a depender da hipótese, o estrangeiro poderá: (i) permanecer no Brasil e regularizar sua situação no país, aplicando-se os dispositivos da Lei de Migração; (ii) ou ter aplicada uma das medidas de retirada compulsória previstas na Lei de Migração – repatriação, deportação ou expulsão, em qualquer hipótese vedada a devolução para país que possa colocar em risco a vida ou a integridade pessoal (princípio da não devolução).

---

52. Uma hipótese vivida na prática pelo Brasil, Argentina e outros países da América do Sul envolveu altas autoridades do regime nazista alemão, como por ex. Josef Mengele, médico conhecido como "Anjo da Morte", que se "refugiaram" nestes países utilizando identidades falsas. O livro "Hitler no Brasil" aborda uma curiosa versão da fuga de Hitler para o Brasil, tendo vivido aqui durante muitos anos, na cidade de Nossa Senhora do Livramento em Mato Grosso, tendo inclusive se apaixonado por uma mulata (http://g1.globo.com/mato-grosso/noticia/2014/01/livro-defende-tese-de-que-hitler-foi-enterrado-em-cidade-de-mato-grosso.html).

Lei nº 9.474, de 22 de julho de 1997

Art. 46

TÍTULO VII
Das Soluções Duráveis

CAPÍTULO I
Da Repatriação

Art. 42. A **repatriação de refugiados aos seus países de origem deve ser caracterizada pelo caráter voluntário do retorno**, salvo nos casos em que não possam recusar a proteção do país de que são nacionais, por não mais subsistirem as circunstâncias que determinaram o refúgio.

CAPÍTULO II
Da Integração Local

Art. 43. No exercício de seus direitos e deveres, a condição atípica dos refugiados deverá ser considerada quando da necessidade da apresentação de documentos emitidos por seus países de origem ou por suas representações diplomáticas e consulares.

Art. 44. O reconhecimento de certificados e diplomas, os requisitos para a obtenção da condição de residente e o ingresso em instituições acadêmicas de todos os níveis deverão ser facilitados, levando-se em consideração a situação desfavorável vivenciada pelos refugiados.

CAPÍTULO III
Do Reassentamento

Art. 45. O **reassentamento** de refugiados em outros países deve ser caracterizado, sempre que possível, pelo **caráter voluntário**.

Art. 46. O reassentamento de refugiados no Brasil se efetuará de forma planificada e com a participação coordenada dos órgãos estatais e, quando possível, de organizações não-governamentais, identificando áreas de cooperação e de determinação de responsabilidades.

1. Direito dos retornados

O **refúgio pode ser dividido em três fases**:

(i) Anterior ou preventiva: nesta fase, a comunidade internacional tenta evitar a ocorrência do deslocamento interno ou minimizar os seus efeitos. Como deslocados forçados ou as pessoas que possuem fundado temor de perseguição ainda não cruzaram uma fronteira internacional, porém muitas vezes vivendo em "campos de refugiados", aplicam-se, basicamente normas de direito internacional dos direitos humanos, direito internacional humanitário e, especificamente aos deslocados internos, dos direitos humanos dos deslocados internos;

(ii) **Intermediária ou propriamente dita:** uma vez atravessada a fronteira internacional e solicitado o refúgio, aplica-se o Estatuto dos Refugiados, uma combinação de normas internacional, que tem seu centro gravitacional no direito internacional dos direitos humanos, e de normas internas, como a lei brasileira (Lei nº 9.474). No decorrer do refúgio, devem ser observadas normas que garantam sua **integração local**, como por ex. o reconhecimento de diplomas acadêmicos para o exercício do magistério ou profissão;

(iii) **Posterior ou retorno:** uma vez cessadas as causas que deram origem ao refúgio, três possibilidades se abrem aos refugiados: (i) **repatriação**, retornar ao seu país de origem (retornado); (ii) **reassentamento** no país onde se refugiaram ou em terceiro país, obtendo por ex. a naturalização, sempre de caráter voluntário. Deste modo, o direito de retorno é assegurado aos refugiados no direito internacional dos refugiados, sem deixar de observar em regime de complementariedade o direito internacional dos direitos humanos e diretrizes comuns com os deslocados internos, como por ex. os "Princípios Pinheiro".

Inicialmente, a preocupação do ACNUR e do direito internacional dos refugiados era exclusivamente com a fase intermediária ou propriamente dita, quando após o deslocamento interno, o refugiado buscava refúgio em outro país, atravessando a fronteira internacional. Contudo, do final dos anos oitenta para cá, a política em relação aos refugiados vem se alterando de modo a abarcar as situações anteriores e posteriores ao refúgio.

Uma vez encerrada as causas da sua origem, o direito de asilo chega ao fim, fazendo emergir um novo direito: **o direito de retorno ou repatriação**. O direito de retorno ou repatriação consiste no regresso do asilado ao seu país de origem, agora com o fim da perseguição odiosa (ex. queda do regime) ou da violação maciça e sistemática dos direitos humanos (ex. fim da guerra civil) pode retomar sua vida ou recomeçar de onde parou.

Assim, nesta etapa, os deslocados internos e asilados, mais especificamente os refugiados e detentores de visto humanitário, se aproximam novamente. As causas do deslocamento e a maneira como retornam para os seus lares são praticamente as mesmas. Desta maneira, independente da qualificação que recebiam como refugiado, deslocado interno, etc., passam a ser considerados como **retornados** (*returnees*).

Lei nº 9.474, de 22 de julho de 1997

Art. 47

Neste sentido, o ACNUR vem elaborando e participando de programas de **repatriação voluntária**, porque compreende a dinâmica como uma etapa do refúgio – fase posterior – em que exige da mesma forma que as anteriores – intermediária (refúgio propriamente dito) e fase anterior (fuga ou deslocamento forçado), a atenção e proteção internacional. Para compreender melhor o tema, o ACNUR lançou uma publicação, que ainda não consta em nossa língua, o "Manual de Repatriação Voluntária: Proteção Internacional"[53].

No âmbito normativo, foi elaborada uma norma de *soft law* sobre o direito de retorno, envolvendo tanto os refugiados quanto os deslocados internos, os **Princípios das Nações Unidas sobre a Restituição de Moradia e Propriedade aos Refugiados e Deslocados Internos** (2005), também chamado de "Princípios Pinheiro", em homenagem ao diplomata brasileiro Paulo Sérgio Pinheiro, responsável pelo relatório final, quando, então, Relator Especial sobre Restituição de Moradia e Propriedade no Contexto de Retorno de Refugiados e Deslocados Internos.

A fase anterior foi abordada ao tratar dos deslocados internos, especialmente porque os deslocamentos forçados têm a mesma causa, sendo a grande diferença a transposição de uma fronteira internacional, não que ambos não sejam problemas da comunidade internacional. Na fase posterior, os deslocamentos forçados também possuem basicamente a mesma configuração, pois são pessoas e grupos de pessoas que pretendem retornar para seus antigos lares, retomando sua vida, ou permanecendo nos locais onde estão, mas desta vez com ar de definitividade.

Assim, uma vez encerrada as causas da sua origem, o direito de asilo chega ao fim, fazendo emergir um novo direito: **o direito de retorno ou repatriação**. O direito de retorno ou repatriação consiste no regresso do asilado ao seu país de origem, agora com o fim da perseguição odiosa (ex. queda do regime) ou da violação maciça e sistemática dos direitos humanos (ex. fim da guerra civil) pode retomar sua vida ou recomeçar da onde parou.

TÍTULO VIII
Das Disposições Finais

Art. 47. Os processos de reconhecimento da condição de refugiado serão **gratuitos e terão caráter urgente.**

---

53. http://www.acnur.org/t3/fileadmin/Documentos/BDL/2010/7742.pdf.

Art. 48 ESTATUTO DOS REFUGIADOS – *Eduardo Paredes*

Art. 48. Os preceitos desta Lei deverão ser interpretados em harmonia com a Declaração Universal dos Direitos do Homem de 1948, com a Convenção sobre o Estatuto dos Refugiados de 1951, com o Protocolo sobre o Estatuto dos Refugiados de 1967 e com todo dispositivo pertinente de instrumento internacional de proteção de direitos humanos com o qual o Governo brasileiro estiver comprometido.

Art. 49. Esta Lei entra em vigor na data de sua publicação.

Brasília, 22 de julho de 1997; 176º da Independência e 109º da República.

FERNANDO HENRIQUE CARDOSO

Iris Rezende

1. Cidadania: gratuidade e mandado de injunção

O direito de gratuidade do processo de refúgio e da obtenção de documentos para sua regularização, como por ex. o Registro Nacional de Estrangeiro (RNE), tem fundamento constitucional no art. 5º, LXXVII, parte final: são gratuitos os "atos necessários ao exercício da cidadania".

A condição de refugiado deve ser compreendida sob o prisma da cidadania em sentido amplo, o "direito de ter direitos" na expressão utilizada por Rousseau, ou desdobrada na "cidadania política, social e civil" como decanta José Murilo de Carvalho. O fato de o refugiado ser um estrangeiro no país e não poder participar ativamente e passivamente da vida político-eleitoral não significa que não possa exercer outros atributos da cidadania, como no âmbito social (trabalhar, sindicalizar, fazer greve, etc.) e civil (celebrar contratos, associar-se em cooperativas etc.).

Além disso, uma vez não regulamentado um direito para exercício da cidadania, o refugiado pode fazer uso do **mandado de injunção** individual ou, por meio da legitimação extraordinária, da Defensoria Pública da União por ex., fazer uso do mandado de injunção coletivo, nos termos do art. 5º, LXXI, da Constituição de 1988 e da Lei nº 13.300, de 23 de junho de 2016, "sempre que a falta de norma regulamentadora torne inviável o exercício dos direitos e liberdades constitucionais e das prerrogativas inerentes à nacionalidade, à soberania e à cidadania".

BIBLIOGRAFIA

ACCIOLY, Hidelbrando; SILVA, Geraldo Eulálio do Nascimento e; CASELLA, Paulo Borba. **Manual de Direito Internacional Público**. São Paulo: Saraiva, 2016.

Alto-comissariado das Nações Unidas para os Direitos Humanos (ACNUDH). *Homepage*. Disponível em: http://www.ohchr.org/EN/Pages/Home.aspx. Acesso em: 11.nov 2016.

Alto-comissariado das Nações Unidas para os Refugiados (ACNUR). *Homepage*. Disponível em: http://www.acnur.org. Acesso em: 11.nov 2016.

Alto-comissariado das Nações Unidas para os Refugiados (ACNUR). **A situação dos refugiados no mundo**: 50 anos de ação humanitária. Genebra, Suíça: 2000.

Alto-comissariado das Nações Unidas para os Refugiados (ACNUR). *An introduction to international protection: protecting persons of concern to UNHCR*. Genebra, Suíça: 2005.

Alto-comissariado das Nações Unidas para os Refugiados (ACNUR). *Global Trends Forced Displacement in 2016*. Genebra, Suíça: ACNUR, 2016.

ALVES, Waldon Volpiceli. **Católicos x Protestantes**: a Guerra dos Trinta Anos (1618-1648). Munique, Alemanha: BookRix, 2016. E-book Kindle.

ANDERSON, Benedict R. **Comunidades imaginadas**: reflexões sobre a origem e a difusão do nacionalismo. 4ª reimp.. São Paulo: Companhia das Letras, 2008.

ANDRADE, José H. Fischel de. **Direito internacional dos refugiados**: evolução histórica (1921-1952). Rio de Janeiro: Renovar, 1996.

ARAÚJO, Nadia de; ALMEIDA, Guilherme Assis de (Org.). **O direito internacional dos refugiados**: uma perspectiva brasileira. Rio de Janeiro: Renovar, 2001.

ARENDT, Hannah. **Homens em tempos sombrios**. São Paulo: Companhia das Letras, 2008. E-book Kindle.

_____. **Origens do totalitarismo**: antissemitismo, imperialismo, totalitarismo. São Paulo: Companhia das Letras, 2013. E-book Kindle.

BARRETO, Luiz Paulo Teles Ferreira. **Refúgio no Brasil**: a proteção brasileira aos refugiados e seu impacto nas Américas. Brasília, DF: ACNUR, Ministério da Justiça, 2010.

BARTH, Frederik. *Cosmologies in the making: a generative approach to cultural variation in inner New Guinea*. Nova Iorque, EUA: Cambridge University Press, 1987a.

_____. Etinicidade e o conceito de cultura. **Antropolítica**: Revista Contemporânea de Antropologia e Ciência Política, Niterói, v. 19, p. 15-30, dez.2015.

_____. *Los grupos étnicos y sus fronteras: la organización social de las diferencias culturales*. Cidade do México, DF, México: Fondo de Cultura Económica, 1987b.

BAUMAN, Zygmunt. **Comunidade**: a busca por segurança no mundo atual. Rio de Janeiro: Zahrar, 2012a. E-book Kindle.

_____. **Globalização**: as consequências humanas. Rio de Janeiro: Zahrar, 2012b. E-book Kindle.

_____. **Identidade**: entrevista a Benedetto Vecchi. Rio de Janeiro: Zahrar, 201a1. E-book Kindle.

_____. **Modernidade líquida**. Rio de Janeiro: Zahrar, 2011b. E-book Kindle.

_____. **O mal-estar da Pós-Modernidade**. Rio de Janeiro: Zahrar, 2012c. E-book Kindle.

BECK, Ulrich. **A Europa Alemã**: a crise do euro e as novas perspectivas de poder. São Paulo: Paz e Terra, 2015. E-book Kindle.

_____. **Sociedade de risco**: rumo a uma outra modernidade. 2ª ed. São Paulo: Editora 34, 2011.

BENVENISTI, Eyal. *The Law of Global Governance in Hague Academy of International Law*. Haya, Países Baixos: All-Pocket, 2014.

BETTS, Alexander (Org.). *Global Migration Governance*. Oxford, EUA: Oxford University, 2011. E-book Kindle.

BIELEFELDT, Heiner. **Filosofia dos Direitos Humanos**: fundamentos de um ethos de liberdade universal. São Leopoldo: UNISINOS, 2000.

BIBLIOGRAFIA

BOURDIEU, Pierre. **O poder simbólico**: história e sociedade. 2ª ed. Lisboa, Portugal: Edições 70, 2011.

BRASIL. Decreto nº. 4.388, de 25 de setembro de 2002: promulga a **Convenção no 169 da Organização Internacional do Trabalho - OIT sobre Povos Indígenas e Tribais**. Brasília, DF: Planalto, 2004.

_____. Decreto nº. 5.051, de 19 de abril de 2004: promulga o **Estatuto de Roma do Tribunal Penal Internacional.**, adotada em Genebra. Brasília, DF: Planalto, 2004.

CASELLA, Paulo Borba. **Direito internacional dos espaços**. São Paulo: Atlas, 2009.

_____. **Direito internacional no tempo antigo**. São Paulo: Atlas, 2012a.

_____. **Direito internacional no tempo clássico**. São Paulo: Atlas, 2015.

_____. **Direito Internacional no tempo medieval e moderno até Vitoria**. São Paulo: Atlas, 2012b.

_____. **Direito internacional no tempo moderno de Suarez a Grócio**. São Paulo: Atlas, 2012c.

_____. **Direito internacional**: vertente jurídica da globalização. São Paulo: Síntese, 2000.

_____. **Fundamentos do direito internacional pós-moderno**. São Paulo: Quartier Latin, 2008.

CASSESSE, Sabino (Org.). *Global Administrative law: the casebook*. 3ª ed. [S.l.]: Institute for Research on Public Administration (IRPA) e Institute for International Law and Justice (IILJ), 2012. E-book Kindle.

CORTE EUROPEIA DE DIREITOS HUMANOS (ECHR). *Homepage*. Disponível em: http://www.echr.coe.int/Pages/home.aspx?p=home. Acesso em: 11.nov 2016.

CORTE INTERAMERICANA DE DIREITOS HUMANOS. *Desplazados: Cuadernillo de Jurisprudencia de la Corte Interamericana de Derechos Humanos n. 3*. São José, Costa Rica: Corte Interamericana de Direitos Humanos, 2015.

_____. *Homepage*. Disponível em: http://www.corteidh.or.cr/. Acesso em 02.nov de 2016.

CUNHA, José Ricardo (Org.). **Direitos humanos, Poder judiciário e sociedade**. Rio de Janeiro: FGV, 2011.

DENG, Francis. M. et al. *Sovereignty as Responsibility: Conflict Management in Africa*. Washington D.C., EUA: Brookings Institution, 1996.

DIEGUES, Antônio Carlos; ARRUDA, Rinaldo. **Saberes tradicionais e biodiversidade no Brasil**. São Paulo: USP, 2001.

DIOUF, Jacques et al (Org.). *Housing and property restitution for refugees and displaced persons: implementing "The Pinheiro Principals"*. [S.l.]: s.n., 2007.

DUNOFF, Jeffrey L.; TRACHTMAN, Joel P (Org.). *Ruling the world? Constitucionalism, international law and global governance*. Cambridge, EUA: Cambridge University, 2009. E-book kindle.

EMMERIJ, Luis; JOLLY, Richard; WEISS, Thomas G. *Ahead of the Curve? UN Ideas and Global Challenges*. Bloomington, EUA: Indiana University Press, 2001. E-book kindle.

ERIKSEN, Thomas Hylland. *Ethnicity and nationalism: anthropological perspectives*. Londres, Inglaterra: Pluto, 2010. E-book Kindle.

ESCRITÓRIO DAS NAÇÕES UNIDAS SOBRE ASSUNTOS HUMANITÁRIOS (OCHA). **Manual de aplicação dos Princípios Orientadores sobre os Deslocados Internos**. Washington, D.C., EUA: The Brookings Institution, 1999.

_____. *Guiding Principles on Internal Displacement*. 2ª ed. Washington D.C., EUA: The Brookings Institution, 2004.

_____. **Princípios Orientadores relativos aos Deslocados Internos**. Versão português. Nova Iorque, EUA: Organização das Nações Unidas, 2001.

FASSBENDER, Bardo. *The United Nations Charter as Constitution of the international community*. Disponível em https://www.academia.edu/11187131/The_United_Nations_Charter_as_Constitution_of_the_International_Community. Acesso em: 11.nov 2016.

FISHER, David (Org.). *Guide to international human rights mechanisms for internally displaced persons and their advocates*. Berna, Suíça: Universidade de Berna, 2006.

FLORES, Joaquín Herrera. *La reinvención de los derechos humanos*. Sevilla, Espanha: Atrapasueños, 2008.

GIDDENS, Anthony. **As consequências da Modernidade**. São Paulo: UNESP, 1991.

BIBLIOGRAFIA

GLOBAL Protection Cluster. *Handbook for the protection of internally displaced persons*. [S.l.]: s.n., 2010.

GORAIEB, Elizabeth. **Tribunal Penal Internacional**: trajetórias legais em busca de justiça. São Paulo: Letras Jurídicas, 2012.

GUIMARÃES, Aquiles Côrtes. **Cinco lições de filosofia do direito**. 2ª ed., rev. Rio de Janeiro: Lumen Juris, 2001.

HALL, Stuart. **A identidade cultural na pós-modernidade**. Rio de Janeiro: Lamparina, 2015.

HELLER, Hermann. *La soberania: contribución a la teoría del derecho estatal y del derecho internacional*. Trad. Mario de La Cueva. 2ª ed., 1ª reimp. Cidade do México, DF, México: Universidade Nacional Autónoma de México, 1995.

_____; RANGER, Terence (org.). **A invenção das tradições**. 9ª ed. São Paulo: Paz e Terra, 2014.

HUBARAT, Franklin. *Hannah Arendt on Banal Evil*. Munique, Alemanha: BookRix, 2014. E-book Kindle.

HUNT, Lynn. **A invenção dos direitos humanos**. São Paulo: Companhia das Letras, 2009. E-book Kindle.

JONES, R. J. Barry. *Global governance in question: the problems and prospects of effective global governance in finance, trade and environment*. Tollesbury, Inglaterra: Steorra-Star Publications, 2013. E-book Kindle.

JUBILUT, Liliana Lira. **O direito internacional dos refugiados**: a sua aplicação no ordenamento jurídico brasileiro. São Paulo: Método, 2007.

KAMTO, Maurice. *Droit International de La Governance*. Paris, França: Éditions A. Pedone, 2013.

KRASNER, Stephen. *Sovereignty: Organized Hypocrisy*. Princeton, EUA: Princeton, 1999.

KYMLICKA, Will. *Multicultural citizenship: a liberal theory of minority rights*. Oxford, EUA: Oxford University, 1995.

LECKIE, Scott (Org.). *Housing, land and property restitution rights of refugees and displaced persons: law, cases and material*. Nova Iorque, EUA: Cambridge University, 2007.

_____. *The Pinheiro Principles: United Nations Principles on Housing and Property Restitution for Refugees and Displaced Persons*. Genebra, Suíça: Centre on Housing Rights and Evictions, COHRE, 2006.

LETTIERI, Martín (Org.) et. al. *Protección internacional de refugiados en el sur de Sudamérica*. Remedios de Escalada, Argentina: Universidade Nacional de Lanús, 2012.

LEWIS, Bernard. **A crise do islã**: guerra santa e terror profano. Rio de Janeiro: Zahar, 2004. E-book Kindle.

LIENHARD, Martín (Org.). **Expulsos, desterrados e deslocados**: migrações forçadas na América Latina e na África. [S.l.]: Iberoamericana, 2011. E-book Kindle.

LYOTARD, Jean-François. **A condição pós-moderna**. 16ª ed. Rio de Janeiro: José Olympio, 2015.

MARCUS, George E. *Ethnography through thick and thin*. Princeton, EUA: Princeton University Press, 1998.

MARTINS, Susan Forbes (Org.). **Manual de aplicação dos Princípios Orientadores relativos aos deslocados internos**. Washington, D.C., EUA: The Brookings Institution, 1999.

MAZZUOLI, Valerio de Oliveira. **Curso de direitos humanos**. São Paulo: Método, 2014.

MCKAY, Fergus. *Una Guía para los Derechos de los Pueblos Indígenas en la Organización Internacional del Trabajo*. Disponível em: http://www. forestpeoples.org/sites/fpp/files/publication/2010/09/iloguidejul02sp. pdf. Acesso em: 11.nov 2016.

MELLO, Celso D. de Albuquerque. **Curso de Direito Internacional Público.**. 12ª ed. rev. ampl. Rio de Janeiro: Renovar, 2012.

MENEZES, Wagner. **Ordem global e transnormatividade**. Ijuí: Unijuí, 2004.

ORGANIZAÇÃO DAS NAÇÕES UNIDAS (ONU). *Homepage*. Disponível em: http://www.un.org/en/index.html. Acesso em: 11.nov 2016.

ORGANIZAÇÃO DOS ESTADOS AMERICANOS (OEA). *Homepage*. Disponível em: http://www.oas.org/pt/. Acesso em: 11.nov 2016.

PAREDES, Eduardo. 30 anos da Declaração de Cartagena e os refugiados haitianos no Brasil. In: MENEZES, Wagner; PEREIRA, Ana Cristina Paulo (org.). **Direito e relações internacionais na América Latina**. Belo Horizonte: Arraes Editores, 2017. cap. 16, p. 187-2015.

_____. A cooperação jurídica internacional de crianças: a violência doméstica como obstáculo ao mecanismo de restituição imediata interpretada à luz da jurisprudência da Corte Interamericana e Europeia de Direitos Humanos. In: MENEZES, Wagner (org.). **Tribunais**

BIBLIOGRAFIA

internacionais e a relação entre o direito internacional e o direito interno. Belo Horizonte: Arraes Editores, 2017. cap. 21, p. 240-255.

_____. A governança global e as "fronteiras" do Estado-nação: o projeto deslocados internos. In: RIBEIRO, Marida Rosado de Sá (org.). **Governança Global**. Belo Horizonte: Arraes Editores, 2017. vol. 1, parte IV, cap. 17, p. 301-329.

_____. A prevenção do genocídio a partir da criminalização internacional do discurso de ódio. In: SLOBODA, Pedro *et al* (org.). **Efetividade dos direitos humanos e direito internacional**. Rio de Janeiro: Multifoco, 2017. p. 441-460.

_____. Os direitos dos povos indígenas e a Defensoria Pública. In: MENDES, Aluisio Gonçalves de Castro; SILVA, Fernanda Duarte Lopes Lucas da, *et al* (org.). **A questão indígena e o Poder Judiciário**. Rio de Janeiro: EMARF, 2016. p. 181-189.

_____; RIBEIRO, Marilda Rosado de Sá. A governança global nas migrações e os direitos humanos dos deslocados internos: diálogo entre as Cortes Interamericana e Europeia de Direitos Humanos. In: MENEZES, Wagner (org.). **Direito internacional em expansão**. Belo Horizonte: Arraes Editores, 2016. vol. XI, cap. 33, p. 479-497.

PHUONG, Catherine. *The International Protection of Internally Displaced Persons*. 1ª reimpr. Cambridge, EUA: Cambridge University, 2010.

PIOVESAN, Flávia. **Direitos Humanos e o Direito Constitucional Internacional**. 13. ed. São Paulo: Saraiva, 2012.

PIOVESAN, Flávia. **Temas de direitos humanos**. São Paulo: Saraiva, 2012.

PROJECT on Internal Displacement. *Mapping the Response to Internal Displacement: The Evolution of Normative Developments*. Washington, D.C., EUA: Brookings Institution, 2014.

RAMOS, André de Carvalho. **Curso de direitos humanos**. 2ª ed., atual., ampl. São Paulo: Saraiva, 2015a.

_____. **Processo internacional de direitos humanos**: análise dos mecanismos de apuração de violações de direitos humanos e a implementação das decisões no Brasil. 2ª ed. São Paulo: Saraiva, 2015b.

_____. **Teoria geral dos direitos humanos na ordem internacional**. 2ª ed. São Paulo: Saraiva, 2012c.

SAID, Edward W. **Orientalismo**: o oriente como invenção do ocidente. São Paulo: Companhia das Letras, 2007. E-book Kindle.

SANTOS, Boaventura de Sousa. **Pela mão de Alice**: o social e o político na pós-modernidade. 14ª ed., 1ª reimp. São Paulo: Cortez, 2013.

_____. **Se Deus fosse um ativista dos direitos humanos**. São Paulo: Cortez, 2014. E-book Kindle.

_____; CHAUÍ, Marilena. **Direitos humanos, democracia e desenvolvimento**. São Paulo: Cortez, 2013.

SÉMELIN, Jacques. **Purificar e destruir**: usos políticos dos massacres e dos genocídios. Rio de Janeiro: DIFEL, 2009.

SHAW, Malcolm N. **Direito internacional**. São Paulo: Matins Fontes, 2010.

SILVA, Tomaz Tadeu da (Org.); HALL, Stuart; WOODWARD, Kathryn. **Identidade e diferença**: a perspectiva dos estudos culturais. Petrópolis: Vozes, 2014.

STEINER, Christian; URIBE, Patricia (Org.). **Convención Americana sobre Derechos Humanos**. Bogotá, Colômbia: Fundación Konrad Adenauar, 2014.

THE BROOKINGS INSTITUTION. *Protecting Internally Displaced Persons*. Washington, D.C., EUA: The Brookings Institution; Universidade de Berna, 2008.

THE COMISSION ON GLOBAL GOVERNANCE. *Our Global Neighborhood: the Report of the Commission on Global Governance*. Nova Iorque, EUA: Oxford University Press, 1995.

TRINDADE, Antônio Augusto Cançado. **A Carta das Nações Unidas**: uma leitura constitucional. Belo Horizonte: Del Rey, 2012.

_____. **A humanização do Direito Internacional**. 2ª ed. Belo Horizonte: Del Rey, 2015.

_____. **O direito internacional em um mundo em transformação**. Rio de Janeiro: Renovar, 2002.

_____; PEYTRIGNET, Gérard; RUIZ DE SANTIAGO, Jaime. **Las tres vertientes de la protección internacional de los derechos de la persona humana**: Derechos Humanos, Derecho Humanitario, Derechos de los Refugiados. Cidade do México, DF, México: Porrúa, 2003.

UNIÃO AFRICANA (UA). *Homepage*. Disponível em: http://www.au.int/. Acesso em: 11.nov 2016.

BIBLIOGRAFIA

VASCONCELOS, Raphael Carvalho de. **Teoria do Estado e a unidade do direito internacional**: domesticando o rinoceronte. Belo Horizonte: Arraes, 2016.

VATTIMO, Gianni. **O fim da modernidade**: niilismo e hermenêutica na cultura pós-moderna. 2ª ed. São Paulo: Martins Fontes, 2007.

WEISS, Thomas G.; KORN, David A. *Internal displacement: conceptualization and its consequences*. Londres, Inglaterra: Routledge, 2006. E-book Kindle.

WOLF, Eric R. **A Europa e os Povos sem História**. São Paulo: USP, 2005.

_____. *Pathways of power: building anthropology in modern world*. Berkeley, EUA: University of California, 2001. E-book Kindle.

Anotações